在地深耕
全球佈局

FOCUS ON THE FUTURE
國際通商法律事務所50週年

目次

序章：半世紀傳承
- 004　從在地深耕到全球佈局 放眼未來 無限可能——馬靜如主持律師
- 007　Baker McKenzie Taipei 之歷史——李忠雄律師（John S. Lee）
- 010　The Beginning Years——楊大智顧問（Robert T. Yahng）
- 018　回顧與祝福——前司法院大法官黃瑞明律師
- 020　回顧與祝福——前全國律師聯合會理事長劉宗欣律師

第一章：奠基成功
- 022　宏觀、系統、專業處理工程法律爭議
  見證台北捷運時代意義
- 034　全世界規模最大的 BOT 案與長達 28 年的合作
  攜手台灣高鐵寫下歷史
- 054　深厚累積的產業理解 創新回應能源新世代
  協助哥本哈根基礎建設基金（CIP）勇闖台灣離岸風電市場

第二章：國際接軌
- 070　率先來台投資的先鋒
  台灣第一家大賣場家樂福（Carrefour）誕生
- 076　寫下台灣金融史上紀錄
  富邦金控在國際金融巨人肩膀上一躍而起
- 083　20 年革命情感
  與東森齊上戰場 引進外資佈局媒體版圖

第三章：合縱海外
- 094　傾力襄助貿聯集團進軍歐洲
  擴張國際版圖
- 104　生技風起雲湧
  臺灣生物醫藥製造公司（TBMC）躍上國際舞台

第四章：智財維權

118　從海盜王國到關鍵科技島──
　　　台灣智財保護的發展

126　堅持智財維權
　　　核心智財是永續經營的根基

138　為台積電訴訟轉敗為勝
　　　立下營業秘密案例之經典

第五章：金融整併

154　偕同渣打銀行力挽狂瀾
　　　從瀕臨破局成團協典範

168　各國律師團隊協作
　　　星展銀行三度擴大併購
　　　躍身在台最大外銀

第六章：永遠的夥伴

176　國泰世華遭控疏失
　　　國際通商攜手奮戰 17 年
　　　強強聯手 全方位合作

190　化解台新與財政部
　　　8 年彰銀經營權紛爭
　　　樹立「調解」全新標竿

第七章：傳承

200　光泉家族紛爭驚心動魄
　　　全心的信任 讓律師以機智化險為夷

216　台灣、百慕達和英國最大的信託訴訟
　　　全心投入王家世紀大案促塵埃落定

230　親愛的董事長們 我們也做好傳承了
　　　上市公司以「利他」落實企業傳承

236　ESG 與地方創生
　　　國際通商與客戶從不缺席

第八章：展望未來

242　合作金融科技創新園區
　　　創新服務 走在金融科技最前端

254　並肩作戰投資台灣事務所
　　　引進投資不遺餘力
　　　共創台灣未來榮景

263　附錄：百大經典
279　感謝

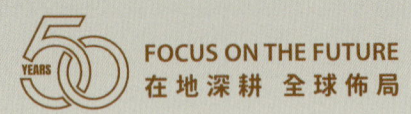

國際通商與客戶攜手並進
從在地深耕到全球佈局
放眼未來 無限可能

台灣法律產業發展的歷史，與台灣社會、政治、經濟的轉型息息相關，國際通商法律事務所在台半世紀，以獨特的國際化背景，從台灣法律產業重要轉型的 1970、80 年代起，即與各行各業的客戶們攜手並進。

在此 50 年紀念書中，我們不只揀選了百件經典案例，更難能可貴的是，有些客戶熱心分享他們的親身見證，我們由衷地感謝他們對本所的信任與託付，也將精益求精，繼續協助客戶們的發展：從在地深耕到全球佈局，放眼未來，無限可能！

在本書開篇的序章中，我們收錄了兩位國際通商前輩的回顧文：《Baker McKenzie Taipei 之歷史》、《The Beginning Years》，分別來自兩位創辦時期的重要人士：李忠雄律師 (John S. Lee) 與楊大智顧問 (Robert T. Yahng)。

李忠雄律師在台灣接受完整的法學訓練，為台灣執照律師，可謂 1960 年代台灣重建完整法學教育體系過程的成功典範，其律師業務從以民事、刑事為主，拓展到商業與國際法等領域，開創了國際通商的全方位法律服務。

序章：半世紀傳承

國際通商法律事務所前主持律師陳玲玉的書房以整個牆面珍藏其為事務所處理的重要檔案。

楊大智顧問則擁有美國律師執照，在其服役美國空軍駐防台灣時，萌生了協助台灣律師創辦國際法律事務所的想法，成為國際通商的前身。

從他們東西方不同的視角，回憶國際通商往昔崢嶸歲月的文字中，可以了解國際通商早期發展的歷史，以及如何在那個「洋務律師」備受批評的年代，突破種種限制，在台灣經濟面對國際化、自由化、制度化的轉型階段，透過專業的法律服務，幫助落腳台灣的外國企業，及發跡於台灣而邁向國際的台灣企業，渡過各種難關。

在兩位的文章中，也回憶了國際通商諸多夥伴的情誼，包括號稱鐵三角之一的吳國樞會計師、英年早逝卻為本所留下無限精神遺產的陸台蘭顧問……，讓我們懷思那段歲月的同時，也看見「團隊」及「傳承」如何一步步深化成為如今國際通商的 DNA。

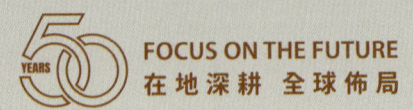

感謝天下雜誌團隊協助籌備出版這本國際通商 50 週年紀念書，當我徹夜未眠地校對及增補內容時，卻感到萬分激昂，毫無疲憊之感，因為這本書記錄了國際通商 50 年來精采絕倫的奮鬥歷史，哇！國際通商真是臥虎藏龍，又何其有幸，能獲得許多客戶的信任與託付，從而協助客戶日益茁壯。其實，還有許多客戶因機密或公司政策上的考慮，未能揭露其案件，「百大經典」何止百大！國際通商——Baker McKenzie Taipei 從創立時受到揶揄：Baker？是做麵包的嗎？到現在立足於台灣、回饋於台灣，我們深深感恩，也將致力於更美好的未來！

國際通商法律事務所（Baker McKenzie Taipei）
主持律師 馬靜如

序章：半世紀傳承

Baker McKenzie Taipei 之歷史

鐵三角

鑑於台灣的國際化需求，我於 1963 年自國立台灣大學法律系畢業後，在攻讀法學碩士時即受美國律師楊大智顧問之鼓勵與其合作，由我處理訴訟案件及智慧財產權之註冊及保護、楊顧問處理外國法方面諮詢，嗣並邀請吳國樞會計師加入擔任稅法顧問，成為「鐵三角」，而於 1975 年 2 月 1 日設立國際通商法律事務所，由我擔任負責人。

打出名號 加入 Baker McKenzie

國際通商成立後不久，有一外商公司詢問可否委託本所接手一件複雜的訴訟案件，因該公司當時之法律顧問雖為台灣最大規模之一的律所，卻評估該案難以勝訴。本所分析案情後決定接受委託，二年後贏得勝訴，不但獲得

李忠雄律師 (John S. Lee) 與
吳國樞會計師（左）。

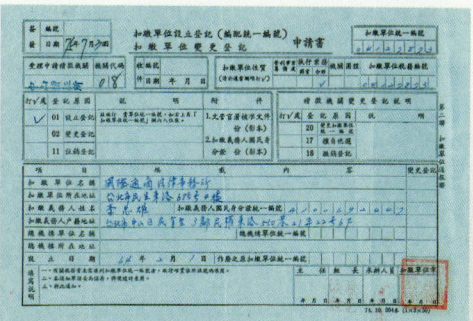

國際通商法律事務所設立於 1975 年 2 月 1 日。

客戶轉聘本所為其法律顧問,亦奠定了本所之訴訟實力及聲譽。不久,全球最大律師事務所 Baker McKenzie 在台灣尋找合作夥伴,經其評估,認為國際通商擁有極優團隊,乃邀請本所合作,成為 Baker McKenzie Taipei。

第一聯合律師事務所併入國際通商法律事務所。

本所自此成為具規模的國際性法律事務所,國內外律師溝通順暢且集思廣益,並可相互推薦最能為客戶提供優質且務實法律服務的國際律師團隊。例如,在一件公司股東爭議案中,因股東雙方持有相同股份比例,無法打破僵局,但因本所擁有國際上豐富經驗,能提供客戶致勝策略,終於使我方客戶獲得比他方更高之投票權數,而通過對客戶有利之決議,對造驚訝暴怒,當下即嚴厲指責其律師團失職後拂袖而去,當時情景歷歷在目。

隨著台灣經濟起飛,外人投資不斷,本所業務蒸蒸日上。當時台灣每年經濟成長率達 10%,工業以紡織工業為首,次為塑膠工業、汽機車工業、電子工業、半導體工業,農業經濟轉變為商業及科技經濟。而本所之法律業務發展出如同法律百貨公司的全方位服務,包括一般民刑商法之訴訟、仲裁及調解案、金融法、智慧財產權法、公司法、勞工法、工程法及公平交易法等諮詢、企業併購、政府採購等服務。

1978年12月8日台美斷交時美國國會起草台灣關係法，本人代表事務所，建議外交部人員應請美國國會議員將「提供台灣防衛性武器」列入台灣關係法，其後該法案在多位台灣留美先進共同努力下，終獲國會議員支持而加入此條款，我們深感欣慰，能為國家盡一份心力。

本所人才濟濟，菁英輩出，其中，本所成立早期時即有陸台蘭顧問加入團隊。她是在台灣成長的女孩，自小受美國教育而擁有卓越的思辯能力，因持有美國律師執照，而成為本所顧問。她勤奮異常，夙夜匪懈，遺憾的是，卻因不幸罹患白血症，英年早逝，致本所痛失棟梁之材。此外，陳玲玉律師受 Baker McKenzie 之邀而加入本所，她不但在法律服務上總是客戶的首選王牌，更在本所之經營管理上鞠躬盡瘁，加入本所後並延攬其前所第一聯合法律事務所之合夥人前國策顧問曾宗廷律師、民航法權威楊鴻基律師等加入本所，更加提升了本所實力，尤能協助許多本地客戶國際化發展之法律需求。此外，黃瑞明律師亦自畢業即加入本所服務，號稱本所 Baker Baby 之一，並曾至 Baker McKenzie 德國法蘭克福所實習 2 年，40 年後榮任司法院大法官，亦為本所之光。本所律師轉任公職者，尚有蔡英文前總統、前司法院長賴英照、前監察委員廖健男、前立法委員李貴敏律師等。

國際通商成立半世紀，持續由許多優秀人才發揚光大，本人實感欣慰。深信 Baker McKenzie 全球各所及本所均將繼續成長，正如偉大的太陽高掛天空，發光發熱，永不熄滅。

國際通商法律事務所（Baker McKenzie Taipei）創辦人
李忠雄律師 （John S. Lee）

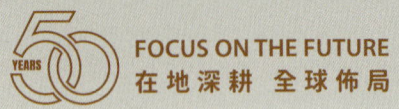

The Beginning Years

An Idea Takes Shape

In 1972, while I was stationed in Taiwan during the second half of my 4 ½ years in the US Air Force, an idea developed. As a licensed US attorney, I found many Chinese friends and colleagues needed advice on legal matters. At the time, most businesses in Taiwan only consulted attorneys after a problem had developed; many businesses in Taiwan often signed documents without legal consultation. I saw a real need for legal representation in their international dealings. My idea was to eventually have lawyers from different countries working together to provide guidance for international corporations.

Establishing a Consulting Office

Tina and I were married in June 1972. The two of us started a consulting office in Taipei, Yahng and Roles, International Law Consultants. My wife, Tina, was my assistant and advisor. In October 1972, we opened our little office in a long 400 square foot (37 sq meters) space that was divided into three rooms. There were 2 desks, a wall full of law books and a rocking chair. Three months later, we had one client, and our total income was $3,000 NTD (at the time around $75 USD). It was a start.

John Lee

In 1973, John Lee（李忠雄）was introduced to me as a solid litigator. Impressed by his sense of loyalty and capability as an excellent litigator, I invited him to work together. As a licensed US attorney, my work was in commercial matters and handling the international loan agreements that were governed by New York State Law. John Lee handled the Taiwan litigation.

Keye Wu

Due to our international clients, we needed to have a local tax expert to advise our clients how to comply with tax law while planning international development. Mr. Van Lee (李文彥), the CFO of our client, TSRC (台橡股份有限公司), introduced us to his former classmate, Keye Wu (吳國樞), an exceptional CPA. Van had told me that Keye would be an excellent candidate, but he had a physical challenge that had caused him difficulties in finding work. Keye had a tumor near his spine that increasingly compromised his ability to walk normally. I did not find his disability relevant to his abilities as a solid tax advisor, so I invited him to work with us. Later, when his surgery failed and he was confined to a wheelchair, I told him that we could still work together because of his ability to think, not his ability to walk. We figured out solutions to accommodate his needs and comfort. Keye Wu had a brilliant mind. He was a critical thinker and had the innate ability to determine, identify, and to create solutions to complex issues in his analysis of tax matters.

Challenge

On February 1, 1975, 國際通商法律事務所 was approved by the Taiwan competent authorities. As a member of the Taipei Bar Association, John Lee formally registered our office accordingly.

The foundation of my relationship with John Lee and Keye Wu was built on trust, integrity and mutual respect. As I pursued my goal of an international law practice, they trusted that I would continue to look out for their future and best interests.

Our First Clients

Our relationship with foreign banks began with Bank of America. The Taipei Branch manager, Bill Pauley, who served on the Taipei American Club Board with me, approached us one day. Bill said he had a case which his existing Taiwan law firm would not handle. He wondered if our team would consider taking it on.

John McKenzie（左）與 Russell Baker。

Bank of America, one of the largest banks in the world at the time, had a bad loan outstanding to a Taiwan company that six months previously had gone bankrupt. If we were to take the case, the task would be to recover as much of the loan amount as possible.

We were able to recover the entire loan from the bankrupt Taiwan company, plus interest. As a result, Bank of America became our first financial client. This was the start of our banking practice.

Russell Baker

Back in early 1974, over lunch with a colleague in Taipei, I remember describing my idea of a law practice with a fellowship of international lawyers working together. My colleague mentioned to me that a global law firm like that already existed. As there was no internet or the ability to google search, I referenced the Martindale-Hubbell global directory of law firms and attorneys and looked up Baker & McKenzie. I reached out to Russell Baker (the Baker of Baker & McKenzie), and he responded to my letter. Over a phone call, we arranged to meet in person in Chicago.

In January 1975, after a long flight from Taipei, I first met Russell Baker on a bitterly cold and windy day in Chicago. I spent the day at the B&M offices in the

Prudential Building, talking at length with Russell and meeting numerous partners in their offices, among them, Bob Berner, Tom Haderlein, Tom Bridgman and Lajos Schmidt. Russell was interested in my joining Baker & McKenzie. I, too, was interested in joining the Firm, but I told him that I had a commitment to my office and the 20+ co-workers in Taipei. I suggested that Russell consider working with my Taipei team into Baker & McKenzie. Russell told me that he was interested in having me join the firm, but not in having a Taipei office at the time. But we agreed to keep in touch and continue the conversation.

John Connor and Many Friends in Baker & McKenzie

By the end of that summer in 1975, Russell took more of an active interest. A series of meetings were conducted in Taipei and Hong Kong. In the fall of 1975, John Connor of the Sydney and Hong Kong offices was the first B&M partner to fly into Taipei with his wife, Julia. They stayed in our home. We all had a very nice visit and I found John to be charming and ambitious. Rex Coleman of the Tokyo Office arrived next with his many stories of adventure in Asia.

It was also in the fall of 1975, in Hong Kong, that I was introduced to Joachim "Jochen" Treeck, of the B&M Frankfurt Office, who was spending a year working in the B&M Hong Kong Office. I remember a boat trip with Jochen Treeck and John Connor on a Chinese junk (a large sailboat) to an outlying island of Hong Kong. Our long conversations reinforced the idea that I had in my mind of how wonderful it would be to have a fellowship of lawyers, from different countries, belonging to one firm and working together.

Wulf Döser, another partner from the B&M Frankfurt Office, succeeded Treeck in Hong Kong. My relationship with both Jochen Treeck and Wulf Döser began a life-long connection and friendship. I always felt a great affinity with the Frankfurt Office because of them. Tina and I remain very close to Jochen and his wife Gaby. Later

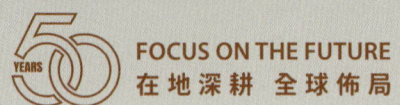

that year, Donald Flynn, a B&M partner from San Francisco, visited our Taipei office. Donald was strongly supportive of our joining B&M, and he was helpful in our transition to B&M San Francisco Office.

Taipei's Growth and Russell's San Francisco Offer

By the latter part of 1975, our office in Taipei was growing rapidly. After our success with Bank of America, our reputation grew. Our finance practice grew to 8 international banks on annual retainers, including Chase Manhattan, Barclays and American Express. Around this time, we approached $1 million USD in revenue.

At the end of 1975, early 1976, Russell Baker suggested that I spend some time working in the San Francisco Office as a Senior Associate. I was now aware of Russell's interest in potentially having our Taipei office join the "family" of Baker & McKenzie.

The time in San Francisco was an opportunity for various partners to get to know me and to evaluate my work. As there was no guarantee what would happen at the end of my time in San Francisco, during that first year in San Francisco, I tried to maintain both practices in Taipei and San Francisco. There was a lot at stake. Besides my own future, I felt the weight of responsibility for the future of my co-workers in Taipei.

Robert Dilworth

In October 1976, I moved to the San Francisco office. It was a small office of 4 partners and 4 associates. John McKenzie and Pat Powers were two of the associates. Robert "Bob" Dilworth was one of the 4 partners.

Bob Dilworth and his wife, Faith, were wonderfully supportive of Tina and me. They always exuded warmth and genuine concern for us. I have always appreciated Bob Dilworth's support and friendship. In my work, I received invaluable guidance from

Bob. He was always generous with his time. Every Tuesday evening, Bob stayed in the office to work with the San Francisco associates, going over legal work, memos and position papers.

Bob Dilworth was one of the smartest lawyers I have ever met. He looked out for the good of the Firm, sometimes at the expense of his own personal interest. Bob would become the major force and primary advocate for our Taipei office to join Baker & McKenzie.

Making Partner

In October 1977, I was made partner of Baker McKenzie at the Annual Meeting in Amsterdam. Bob Dilworth spoke highly of me to the partners and advocated the Firm's backing of the Taipei office to join Baker & McKenzie. It was his endorsement, as well as his personal commitment, that won over the partners to back me and the Taipei office, expanding Baker & McKenzie further into Asia.

Baker & McKenzie needed an established partner with the gravitas to inspire confidence and to get everyone on board about merging my Taipei office into the Firm. Bob was also tasked with finding a partner with a solid reputation who would move to Taipei for two years. Later, when no one else would step forward to anchor the Baker & McKenzie part of the team in Taipei, Bob uprooted his wife, Faith, and their three young daughters and moved to Taipei.

Baker & McKenzie Taipei

On November 6, 1977, Tina and I, with our young son, Christopher, returned to Taipei. Bob Dilworth also moved to Taipei in November of that year, and his family followed in early 1978. This was the official beginning of the Baker & McKenzie Taipei.

In making partner, I felt I had accomplished what I had hoped to do. I also felt that I was ensuring a future for our Taipei office. I had delivered on the trust that our

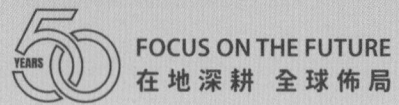

colleagues in Taipei had placed in me. I said to Tina that we would be making a difference in the lives of the people in our Taipei office.

Bringing the Taipei Office into the Baker & McKenzie system required a lot of teamwork and the efforts of many.

Bob Dilworth's contribution to Baker McKenzie Taipei Office was substantial. His presence and efforts in the Taipei Office during those first two years enabled the smooth transition of the office into Baker & McKenzie. He was responsible for doing the early hard work of integrating the Taipei Office into the global system, and implementing the professional standards of Baker & McKenzie.

When Bob Dilworth, and later, Jerry Jakubik, arrived in Taipei, our financial practice was a natural niche for them. An already thriving practice, they solidified that department. We were so inundated with work in our banking practice that John McKenzie was asked to come out from the San Francisco Office to help out for a few weeks. John stayed with us in our home and the friendship that had begun in the San Francisco Office was further developed.

It was during Bob Dilworth's time in Taipei that President Jimmy Carter severed diplomatic relations with the Republic of China. The US withdrew recognition of Taiwan in favor of the People's Republic of China in December of 1978. My father-in-law was actively involved in giving support to the Taiwan government. He brought Bob Dilworth and me into meetings with Frederick Chien (錢復), the Vice Minister of Foreign Affairs, during which we gave advice and recommendations to the Ministry. We mainly played a supportive role during this crisis. However, Bob Dilworth made significant suggestions and substantive improvements to the text of the U.S. Congressional resolution that promulgated the U.S. legislation of the Taiwan Relations Act of 1979.

The Taipei Office was attracting bright and talented legal minds. One outstanding lawyer we hired was Lai In-Jaw (賴英照). After his graduate studies at Harvard,

序章：半世紀傳承

楊大智顧問 (Robert T. Yahng) 與國際通商法律事務所同仁合影。

he joined the Taipei Office in 1978. After leaving the firm, Lai In-Jaw went on to a distinguished career in law, finance and politics. He served as the Deputy Chief of the Minister of Finance and later became the Chief Justice and President of the Judicial Yuan.

In Conclusion

What became Baker McKenzie Taipei started out as a small office with two desks. With the efforts of many, Baker McKenzie Taipei expanded and has continued to thrive.

國際通商法律事務所（Baker McKenzie Taipei）創始團隊

楊大智顧問（Robert T. Yahng）

回顧與祝福

前司法院大法官──黃瑞明律師

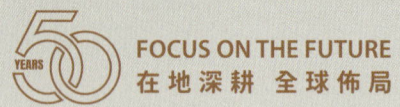

序章：半世紀傳承

欣逢國際通商法律事務所 50 週年所慶，特此祝賀並回憶我在國際通商的日子，我任職期間總共 34 年 2 個月，也就是國際通商成立的第 8 年至第 42 年，算是早期的律師。我記得剛加入時，除了所長李忠雄律師之外，只有 3、4 位台灣執照律師及幾位美國執照顧問。

早期國際通商的外籍法律顧問，包括 Robert Yahng, Ping Kiang, William Atkin，引入外國律師事務所的風格，Robert Yahng 最常掛在嘴上的一句話是：希望台灣律師能「Stand with your own feet」。為了達成這個目標，國際通商選派了許多年輕律師至 Baker 的其他國家事務所接受 Associate Exchange Program 的訓練，包括美國、加拿大、澳洲等國，我則被派往德國的法蘭克福事務所接受兩年的實習訓練。

國際通商早已在台灣生根成長，並且承辦了與台灣經濟及建設息息相關的案件。我個人曾經承辦的主要案件，包括交通部電信總局轉型為中華電信公司的過程，涉及相當多層面的法律領域。另外，台灣高速鐵路建設案，由早期 BOT 的規劃到土建、財務以及最後與歐鐵聯盟及交通部的仲裁等，可謂無役不與。今天看到台灣高鐵每天準時奔馳在西部平原，總會回想起早期我掛在事務所辦公室牆上的「台灣高鐵構想圖」。

恭賀國際通商 50 年，這是許多人共同努力的成果，也累積了許多人甜美及辛苦的回憶。期許國際通商持續培養人才，為台灣的經濟及法治建設持續作出貢獻。

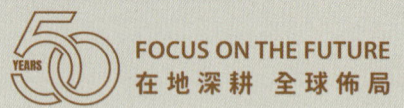

回顧與祝福

前全國律師聯合會理事長──劉宗欣律師

2025年適逢我服務近30年的國際通商法律事務所(Baker Mckenzie Taipei) 50週年慶,回想過往我有幸主導而與同仁併肩努力的案件中,確有業界津津樂道者,至今記憶猶新。

茲提出與大家分享這些成果:例如全球知名網際網路公司在雲林設立大型資料中心案(Data Center)及板橋設立研發中心案,對台灣高科技發展打入強心針;另我們協助老爺飯店全球佈局,以帛琉老爺飯店及模里西斯Sofitel Hotel為台灣兼做國民外交最為經典;台北的文華東方酒店(Mandarin Oriental Hotel)自都更及設立國際型飯店,我們皆有幸代表Owner負責法律與合約簽立工作,建立起國際聲望;乃至近年來世界最佳

酒店集團之一的國際豪華連鎖酒店集團在台營運案，我們亦與 BM 香港所合作而擔任其法律顧問，協助此一全世界最佳飯店首度在台展開服務。

爭議解決方面，本人亦有幸帶領本所同仁與 BM 芝加哥所同仁一起為國光生技公司進行其與歐洲某一生技公司在巴黎舉行之 ICC 國際仲裁案，並獲得勝訴之仲裁判斷；另我們亦為全球運輸業領袖取得對台鐵公司的自動化安全系統案之勝訴判決，最終雙方達成法院和解，此案原合約對我方當事人極為不利，能有此結果可謂化不可能為可能。

以上些許成就皆歸功於本所強勁之 local strength，搭配 Baker Mckenzie 全球各事務所的堅強實力，方可達成。本人謹以上述優異案件祝賀國際通商 50 週年慶，可喜可賀，再創巔峰！

第一章：奠基成功

宏觀、系統、專業處理工程法律爭議

見證台北捷運時代意義

1990 年代，台灣進入城市軌道交通建設拓展期，從台北捷運最早通車的木柵線（1996），接著 1997 年 3 月至 1999 年 11 月，淡水線、中和線、新店線亦逐段通車，持續形成路網，到現在平均每日運量逼近 200 萬人次，不僅帶來了嶄新的都會生活型態，也提供了大眾運輸更方便、可靠、永續的選擇。

國際通商法律事務所自台灣首座捷運開始啟建至今，陸續代表包括木柵線、新店線、南港線、中和線、土城線、蘆洲線、南京線及文湖線等各線土建、機電、整合標案承包商，處理捷運工程採購合約及合約爭議，同時亦是負責台北捷運三大工程意外災變損害賠償爭議及保險處理的主要法律事務所，代表包括：日商、德商、加拿大商等跨國土建與機電公司，見證了整座台北捷運系統的成形與完善。

國際通商也參與了 1998 年啟動的高雄捷運 BOT 計畫，代表高雄捷運之橘線與紅線建設計畫之土建統包商，處理工程合約問題與爭議。

50 YEARS
FOCUS ON THE FUTURE
在地深耕 全球佈局

盛澤中（右一）與何德操（左一），都是當年與黃台芬合作的台北捷運專案戰友。

第一章：奠基成功

幾乎全程參與台灣城市捷運建設的國際通商法律事務所榮譽顧問黃台芬律師，對於這些大型交通建設的施工與落成特別有感，她回顧由 1987 年開始規劃的台北捷運工程，只要是具有規模的大型基礎建設，國際通商幾乎無役不與，不斷累積深厚的實力與專業。

她觀察到，早期進入台灣參與大型公共建設的外商很多來自美國，在能源建設興起之後，也進來不少日商，到了近年離岸風電興起，又加入歐商，特別是北歐等地大型企業，文化背景不同，應對的方式也會不一樣。比方捷運系統，她就歷經了與法商、義大利商、荷商、英商、德商、加拿大商及日商等企業的合作，對於整個捷運系統的興建與演變，也特別有感觸。

例如，特別自律的德國工程團隊，在規劃上非常嚴謹細膩，投注很多時間進行前置施工規劃作業，但一旦開工就非常迅速，比方中和線的工程當中，隧道施工的進度就創下當年亞洲紀錄。而日本團隊守法務實，遇到災變的態度更是勇於面對，不計成本，迅速提出因應方案。

在這些與捷運相關的合作案當中，包括台北捷運三大工程意外災變損害賠償爭議處理，以及高雄捷運最大工程意外災變損害賠償爭議處理，每一家工程夥伴的處理態度都不一樣，也都讓她留下深刻的印象。

回想起那段跟著不同工程團隊一起打拼的日子，「我特別懷念捷運的這些案子，因為這裡面有很紮實的工程細節，必須吸收很多專業工程知識，真的學到很多，它同時也有感性之處，在與各國團隊合作的過程中，如何在文化差異下用客戶聽得懂的說明，使其了解我國法律的精髓，讓我對『法律必須宏觀活用』，有了更深的體悟。」

台灣各大軌道建設 興建模式各自不同

過去曾任職台北捷運木柵線機電承包商——法商馬特拉（Matra Transport）的盛澤中總經理，以及曾任職北捷中和線（中和新蘆線）承包商——德商 Bilfinger + Berger（簡稱 B+B）的何德操顧問，都是當年與黃台芬密切合作的捷運專案戰友，有著超過 30 年的「革命情感」，當他們聚首回顧捷運在台灣從無到有的歷程，笑談之間有著說不盡的懷念與感慨。

很多人不知道，台灣最早的捷運系統究竟取法何處？何德操特別點出，台北捷運的土木建築的施工規範源自美國華盛頓特區捷運工程，並由 American Transit Consultants, Inc.（簡稱 ATC）進行相關規劃，而且台灣早在 1970 年代李國鼎擔任經濟部長時代，就已經有了規劃捷運系統的想法，只是礙於缺乏經費而沒有很快成形。

「因台北捷運系統的土建施工規範採用美國華盛頓特區捷運工程，我們也從美國引進了很多施工管理機制。」35 年前自美返台的何德操回顧，當年的台北捷運局與國內顧問公司、工程人員，形成一種士氣高昂的合作意識，雖然是不同單位，但是彼此不分你我，努力想把台灣首度迎來的捷運做好，那種有志一同的凝聚氛圍，讓他至今仍然非常難忘。

當年何德操原本任職台北捷運局總顧問，後來才轉職至承包商工作，為中和線德國承包商 B+B 擔任工程顧問，因此他對台北捷運的發展，能從業主工程管理機關以及營建承包商這兩種截然不同的角度進行深入觀察。

在他眼中，過往國內工程界缺乏的是系統機電工程、設施機電工程與土建工程整合的經驗，隨著台北捷運局成立系統機電工程處，逐漸把這方面的知識養成累積起來。「尤其台北捷運局是政府機關，可以把捷運一條條蓋起來，我認為這是非常 AMAZING 的事。」這跟高雄捷運及高速鐵路採取 BOT 模式的建設模式迥異。

完善城市路網 帶來整體環境提升

回顧台北啟動捷運建設後，最顯著的時代意義，就在於形成了完善的捷運路網。這些基礎建設的完備，成為經濟發展的火車頭，將城市的發展帶向另一個層次的高峰。盛澤中及何德操在回顧台北捷運發展時，都肯定捷運建設將工程界的能力與視野帶向另一個層次，不僅刺激工程顧問公司的成長，對公共工程業主政府機關的工程人才的養成，以及施工管理成本控制、時程控制及公安等概念及做法，也有很大提升。

「捷運工程必須分成硬體、軟體兩部分來看，台灣的基礎施工與設計能力已有相當的經驗，但介面整合及合約管理等軟體及機制就需要再突破。」每一條捷運的興建，都是這種對於上述軟體能力整合的磨練。

耐人尋味的是，捷運並不是蓋完一條就可以學到所有知識，進而一再複製。這是因為每組機電系統都有個別專利，每條路線在施工營運時也都會遇到不同難題，所以每次啟動一條捷運營建，都要經歷不同的學習曲線，克服不同的關卡。

兩位工程專家也回顧，台北捷運路網各條路線很早就進行研究規劃，路網都是經過縝密推估，將所有因素通盤考量，才進行定案。台北捷運初期路網包含木柵線、淡水／信義線、中和／新蘆、新店線、板南線（含土城延伸線）等，有策略地依運量需求及施工進度等因素，陸續發包施工。

當時木柵線會成為開頭先鋒，就是因為想先做出示範，產生前導效應。當時還是新進工程師的盛澤中回想，由於這是國內首度推動捷運建設，因此是全新的工作體驗。像是最早測試列車進站，還沒辦法精準停靠，因此，從松山機場開始，必須每站測量誤差距離，進行校正，13 站連續做下來，想上洗手間也沒辦法，因為每站只停幾十秒的時間，所以，工程師往往必須趁著 BR02 木柵站較長的停車時間，趕快衝下車上廁所。

接續推動的第二條路線──淡水線，則因為可沿原先台鐵路軌延伸，因此工程較單純，施工相對容易。接著推進的第三條是初期的新店線，藉由沿著羅斯福路、北新路進行地下工程。至於接下來的板南線，施工條件就相對複雜，不過，啟用後也成為路線最長、輸運功能最強的一條路線，打通台北都會東西兩端的任督二脈。

馬特拉事件 為公共工程帶來重大影響

凡事起頭最難，這是不變的道理，捷運工程也不例外，第一條打頭陣的木柵線，1988 年動工，直到 1996 年通車，就遇上了棘手難題。

讓很多人記憶猶新的木柵線火燒車事件，後來演變成訴諸法律途徑的案件。1993年5月5日，辛亥站前發生了第一次火燒車事件，同年9月24日，又於六張犁站至麟光站間發生第二次火燒車事件。

事故的原因，是木柵線使用的電聯車在法國是以2節車廂為一單位行駛，但到了台北，為配合運量需求而改成4節車廂，使得系統整合出現狀況，導致一對電聯車煞車時，另一對仍繼續行走，在煞車咬死的狀況下，導致輪胎空轉，因而摩擦過熱起火燃燒，這也反應了系統整合的重要，得以於正式營運前發現並解決問題。

「平心而論，馬特拉是不錯的系統，火燒車實際上是因為以兩節車廂的規格來跑四節車廂才造成事故，然而事故發生後，工程人員趕赴現場，發現車廂內並無燃燒痕跡且無煙霧。」盛澤中回顧，因採用膠輪系統，雖煞車鎖死方導致起火，但事實上整組設計都完整顧慮到安全。

過往的161KV變電站，均由台電自己發包出去做，馬特拉供電系統的變電站則是由馬特拉自己來做。當時整條路線也都設計有月台門，加上無人駕駛系統，這些都是創新的設計。

後來衍生出的商務仲裁糾紛，纏訟長達13年，成為令黃台芬印象特別深刻的事件。台北市捷運局與馬特拉公司是在1988年7月間簽訂捷運工程合約，由馬特拉負責承攬台北都會區捷運系統松山機場至木柵動物園工程。後來由於馬特拉認為木柵線土建工程延誤，導致機電工程延後，構成「遲延履約」，要求增加給付10.25億元，從此雙方爭訟程序由商務仲裁進入法院審判。

馬特拉依合約仲裁條款提出仲裁求償，仲裁判斷命台北市政府賠償折合新台幣約 10 億元左右，當時社會對國際商務紛爭解決模式不熟悉，經輿論渲染造成軒然大波，政府只好向法院請求救濟，官司拖延了 8 年，政府敗訴定讞，卻因此多賠了好幾億元的利息。黃台芬指出，仲裁是雙方合意的紛爭解決機制，廣為國際商務及跨國投資所採用，合約有無仲裁條款也是外人來台投資重要的投資環境考量之一。馬特拉的仲裁條款放在合約內，一旦簽約就已經合意。不過，經過馬特拉案之後，政府在輿論不了解仲裁的評論壓力下，將公共工程合約的仲裁條款取消，這對大型公共工程帶來很大的殺傷力，造成國外工程公司在那段期間不敢進入台灣投標，開國際標的工程計畫都無法順利決標。

爭議機制不彰 海外公司裹足不前

黃台芬觀察到，日本工程團隊就對台灣捷運的貢獻很大，例如台灣的潛盾施工技術，藉由日本團隊的引進，獲得寶貴的經驗而提升。但現在日本大型工程顧問公司與營造廠，幾乎都不願承接台灣公共工程。

其中一個原因，就在爭議處理機制的不公平，合約中拿掉仲裁條款，更讓這些來自國外的企業感受到合約權益無法受到有效保障，因此不再承接台灣大型公共工程，這絕非台灣之福。「我從多年經驗深刻體會到，法律處理爭議，也應該系統化、專業化，法律界應該也推動遊說與倡議，讓整個商業及投資環境可以更好。這才是政府、廠商及市民的三贏。」

捷運這樣的大型公共建設，提升了台灣的生活品質與生活標準，但也可從中看到歷年工程的演變。黃台芬分析，外來工程團隊由於投資風險高，與利潤不成比例，政府也未給予公平的競爭環境與合約，因此過去的捷運經驗也許盛極一時，但沒有持續促成台灣整體工程品質的提升，人才的養成也出現斷層。

「以前的台北捷運工程就像 NBA 球賽，許多外商及國內廠商相互合作及競爭，後來慢慢趨於保守，而類似國內球隊聯賽，雖然可謂國內設計及營造業的提升，惟對於合約商業條款的公平性及採國際化標準方面，卻不願大步前進，反而喪失了國際舞台的競爭力。」從過往外商的競相投入，到現在工程界的停滯不前，何德操以球賽為喻回顧，當時成長很快的時期，工程界因此搭著順風車提升上去。「雖然初期我們付出很高的學費，引進諸多與國際接軌的工程管理模式。很可惜地，並未持續沿用並拓展更開放且具有公平競爭的舞台，導致目前整體工程環境並沒有變得更開放或更好，現在年輕工程從業人員也缺乏參與公平競爭的磨練，而難以培養國際視野，而又回頭走向較封閉的內化管理模式，因此我很鼓勵年輕的工程師找機會走出去到國際看看。」

「從台灣人的角度，我絕對希望看到台灣更好，因此一定要走向國際化，而且不要怕競爭。」黃台芬從數十年的捷運經驗當中觀察到，現在整體工程環境懼怕外來競爭，反而不利人才發展，因為，要有競爭才會有進步。而在處理商務爭議部分，一定要讓外商對公正性及獨立性感到放心，外商才會願意進入國內市場，與國內業界形成良性競爭，這個道理放諸四海皆準。

何德操也特別提到,幸好從法律的觀點來看,台北捷運局做對了一件事,那就是 1987 年台北捷運系統從一起始,就引進國際諮詢工程師聯合會(International Federation of Consulting Engineers)的一般條款為範本,達到法律文件標準化,才能與國際接軌。

「從法律文件的觀點來看,這是台北捷運的創新,後來幾乎都以此為標準,做出合約整套計畫,才能吸引外資進來。」何德操從文件的第一版就已經開始參與,迄今已進化至 2024 年 1 月份之最新版。這也是台北捷運發展當中,很容易為人忽略的一環,但卻是奠定公平開放商業條款的重要基礎。

國際通商法律事務所協助中和線三大工程災變處理

中和線是台北捷運當中，施工難度較高的路線，由於中和、永和段行經之處均為道路狹窄、高樓擁擠、人口密集的路段，又必須跨越河川下方，在台北市部分路段下方又有沼氣，導致該線成為各線中平均每公里（約62.49億元）造價最高的路線。

中和線的另一個特色，就是採取 Super Contract 整合標模式，也就是土木建築加上系統機電。

令黃台芬印象相當深刻的，就是協助承包商處理災變的經驗。當時國際通商經手處理的捷運三大工程意外災變，包括協助板南線日商鹿島工程潛盾機行經江子翠遭遇河底流木意外，由保險公司負責賠償10億元。

再來是協助德商 B + B 承包商，為其處理中和線工程被鄰線承包商日商青木與國內新亞公司聯合承攬之工程意外災變延遲180天。當時在今日的台北市客家文化主題公園附近發生工程災變，B + B 後來提出求償，是當年全台灣規模最大的民事求償，B + B 主張意外並非該承商所說的不可抗力的因素，組成跨國專家鑑定小組，以專業鑑定找到真正事故原因。案件最後以和解和平收場。肇事之承包商青木 / 新亞對災變處理非常明快，不斷展現負責態度，後來還為受災戶興建住宅，也是特別經典的案例。

另外還有台北市羅斯福路四段公館站段，承包商美商邁凱公司遭遇地下地質狀況與探勘取樣不同，造成潛盾機意外沉陷事故，發生重大損失，也是由黃台芬帶領國際通商團隊處理工程賠償部分。

全世界規模最大的 BOT 案與長達 28 年的合作

攜手台灣高鐵寫下歷史

第一章：奠基成功

1970，風起雲湧的時代。台灣經歷了退出聯合國（1971）、石油危機（1973）、蔣中正逝世（1975）、中美斷交（1979）等內憂外患與經濟動盪，但在勵精圖治的奮起精神之下，十大建設的興起，包括南北高速公路（中山高速公路）、中正國際機場（今桃園國際機場）、鐵路電氣化、北迴鐵路、台中港、蘇澳港、高雄造船廠、大煉鋼廠（中國鋼鐵公司）、石油化學工業、第一核能發電廠等計畫逐步完工，從交通、重工業、能源等面向，強化了台灣經濟起飛的動能，也奠定了台灣數十年的整體發展基礎。

這些計畫在 1970 年代末期陸續完工後，大型基礎建設並未停歇，尤其在迎來 1980、1990 年代的經濟狂飆之際，也陸續展開新一波的向上提升，像是經歷重重困難後落成啟用的高速鐵路、捷運路網，以及近年被寄予重望的離岸風電能源轉型，都在不同時期寫下台灣經濟發展的里程碑，而國際通商法律事務所也在這些一步一腳印的耕耘中，參與了這些歷史關鍵時刻的轉折。

回首 1996，這是柯林頓贏得第二任美國總統競選的一年，也是全球第一隻複製羊「多莉」誕生、李登輝宣誓就任中華民國第九任總統（第一任民選總統）的一年。

更不能忽視的是，台灣在這一年啟動了當時全世界規模最大的高速鐵路 BOT 案（Build-Operate-Transfer，興建 - 營運 - 移轉）的競標，而國際通商也隨著「台灣高速鐵路企業聯盟」（台灣高鐵聯盟）的籌組與運作，一路為「台灣高鐵公司」提供了迄今長達 28 年、並仍持續中的法律服務，不僅象徵著合作無間的互信與尊重，也體現一路走來堅定無比的夥伴關係。

便捷的高鐵，如今已成為在台灣生活不可或缺的一部分，但人們往往遺忘，其實整座高鐵興建過程極度複雜。由於工程史無前例，期間也經歷許多波折，才完成這件具有劃時代意義的交通建設。

「仁愛路的富邦金融中心大樓才剛蓋好，就變成台灣高鐵團隊籌組的臨時總部。」走在 24 樓氣派無比的挑高會議室，富邦金控集團董事長蔡明忠憶起當年投入籌組高鐵團隊的意氣風發，眼裡閃現一絲光芒。

兩大團隊競逐 耐力終極考驗

當時參與這場世紀競標的兩大團隊，一是中華開發銀行董事長劉泰英主導的「中華高鐵聯盟」，包括中華開發、中華工程、榮工處、廣三集團、宏國集團、霖園集團、東帝士集團、中國鋼鐵、華新麗華等成員，並與日本新幹線系統技術合作。

另一邊則由富邦集團、長榮集團、東元集團、太平洋電線電纜、大陸工程等企業組成「台灣高鐵聯盟」，這 5 家公司的業務領域涵蓋了機電、建築、運輸與金融，並與法商阿爾斯通公司（GEC Alstom）、德商西門子（Siemens AG）合組之「歐鐵聯盟」（EUROTRAIN）簽訂協議書，預定轉移歐洲系統高鐵技術。

這「從無到有」的一路發展，充滿了一場又一場的戰役，一波未平，一波又起，不斷挑戰所有團隊成員的應變能力。

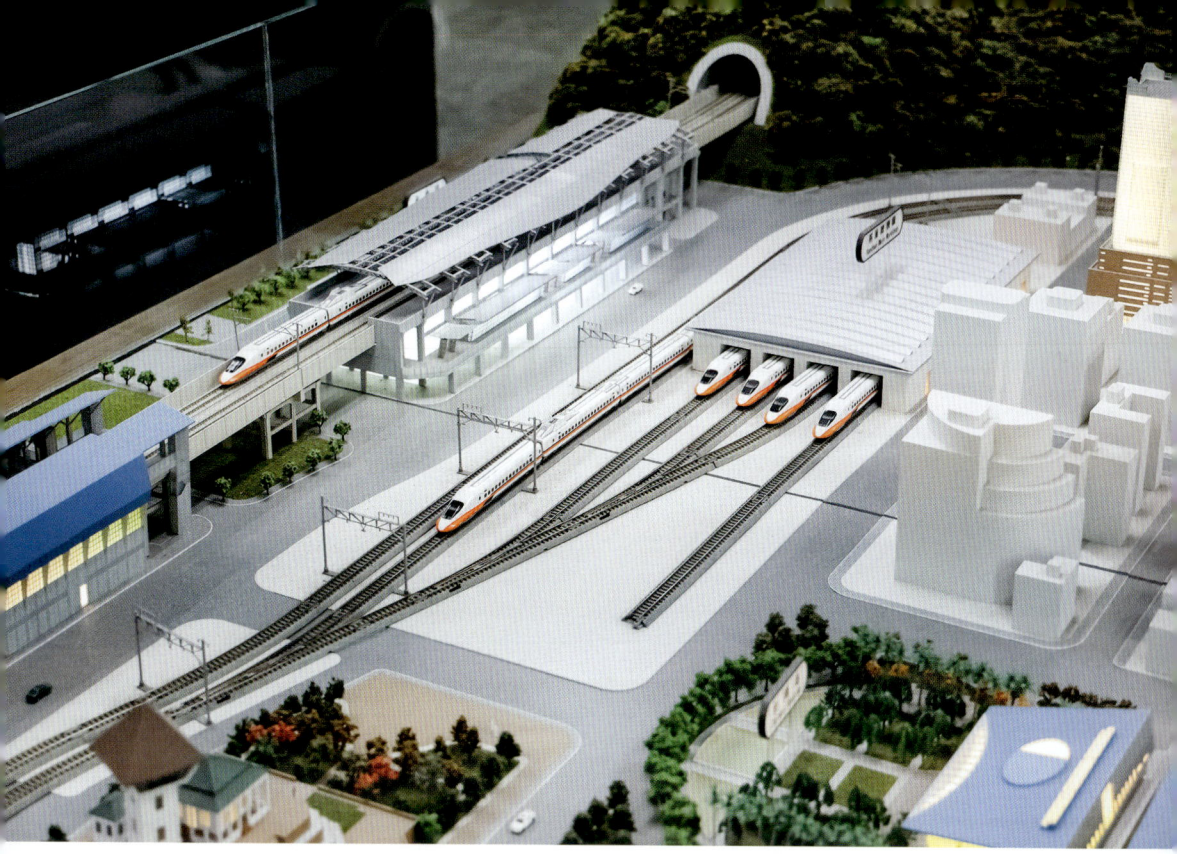

1996 年啟動的台灣高鐵案,為全世界規模最大的高速鐵路 BOT 案,是一項具有劃時代意義的交通建設。

宛如馬拉松長途賽跑的「興建營運合約」議約,就是耐力與定力的終極考驗。

「令我難忘的,就是連續吃了兩千多個便當!」當年負責帶領法律團隊協助「台灣高鐵聯盟」與交通部高鐵局進行議約的國際通商主持律師(目前為榮譽首席顧問)陳玲玉笑著回顧,交通部所規定的議約期間只有 90 天(1997.9.27 至同年 12.9),且台灣毫無 BOT 及興建高鐵之前例可循,議題又十分艱深繁雜,有好幾天雙方甚至議約直到凌晨。「我記得牆上時鐘第一次指著 12 點整時,在場者都鼓掌歡呼,還有人拿出相機(當時沒有手機)拍照留念,記錄這難忘的一刻!」

如此日復一日閉門會議，議約團隊成員每天一起吃午餐、晚餐到宵夜。便當吃膩了，蔡明忠曾建議由「台灣高鐵聯盟」邀請與會者外出用餐，但高鐵局局長廖慶隆堅持不受民間款待，以致累積下來的驚人便當數量，高到令人不可置信，監察院還提出調查，高鐵局何以產生這麼鉅額的便當費用？此事成為參與議約成員的回憶與趣談。

蔡明忠（左）與陳玲玉在台灣高鐵的合作案中，體現了合作無間的夥伴關係。

90天議約馬拉松 憑藉熱血跟毅力

90天的議約，當時過得很煎熬，但最後的果實卻很甜美。

這苦樂參半的3個月，一切源起，得回溯至1996年10月29日。

當時交通部台灣高速鐵路工程局（高鐵局）發出一紙公告，「徵求民間機構參與興建暨營運台灣南北高速鐵路申請須知」，並公佈興建暨營運的特許期間為35年。

針對這件被視為跨世紀工程的台灣高速鐵路投標案，很快就出現前述兩組團隊競逐。

由富邦產物保險董事長蔡明忠、大陸工程總經理殷琪、東元電機董事長黃茂雄、太平洋電線電纜總經理孫道存、長榮航空董事長鄭深池等五位代表組成「台灣高鐵聯盟」。5位經營者一致認為，35年特許期的高鐵建設，值得長期投資。

「當時的信念，不只是要做高速鐵路，更要成就台灣西部一日生活圈。」蔡明忠回顧。在獲得優先議約權之前，他就在同樣的會議室，詢問國際通商陳玲玉：是否已準備妥當？因為他沒有把握一定能贏，也很擔心90天的議約，會有很多意料不到的狀況發生。

但是當時他們年輕，滿腔熱情與熱血。

他們想為台灣做一件事，一件最有意義的事。

早在參與高鐵議約之前，陳玲玉就已經擔任富邦產險的法律顧問，與蔡明忠有相當的默契與信任。因此 1996 年 11 月 16 日，當蔡明忠等人籌組的團隊將與「歐鐵聯盟」簽署協議書前，就先請陳玲玉草擬「企業聯盟協議書」（Consortium Agreement）。這件委任，為接下來「台灣高鐵」與國際通商迄今一路長達 28 年的合作，揭開了序幕。

1996 年 11 月 29 日，「台灣高速鐵路企業聯盟」籌備處正式成立，蔡明忠安排陳玲玉前往富邦金融中心大樓，向該聯盟 5 大成員進行簡報，而她獲得了擔任該聯盟常年法律顧問的機會。隔年 1 月 13 日，「台灣高鐵聯盟」成員正式簽訂「企業聯盟協議書」及「合約執行備忘錄」。陳玲玉安排法院公證人為聯盟成員簽署文件辦理公證。

百箱備標文件 以堅強團隊及紮實計畫勝出

團隊初創成形之際，必須經歷長達 10 個月的備標期，才有可能獲得優先議約權。這其中有項非常艱鉅的任務，那就是準備高達百箱的備標文件，拚鬥的不只是細心，還有毅力與智慧。

1997 年 8 月 31 日，「中華高鐵聯盟」在中華開發董事長胡定吾率領下，提出數十箱文件參與投標。「台灣高鐵聯盟」則以卡車送出 100 多箱的投標計畫書及相關文件至高鐵局，翌日《自由時報》便以「高鐵競標 百箱文件先過招」為標題進行報導。

競標之戰，**轟轟**烈烈開打。最終「台灣高鐵聯盟」以堅強的團隊及紮實的投資計畫，於 1997 年 9 月 25 日經交通部宣佈獲得優先議約權，其結論為：

「綜合評審結果，委員一致認為以台灣高速鐵路企業聯盟申請案為最優申請案件，中華開發公司申請案為得遞承之次優申請案件。」

「請高速鐵路工程局即與台灣高速鐵路企業聯盟進行議約，並以 3 個月內完成議約為原則。如無法完成議約，得由中華開發公司遞承進行平行議約。」

對於這個得來不易的成果，台灣高鐵團隊喜出望外，陳玲玉則深覺任重道遠，隨即代表「台灣高鐵聯盟」坐上談判桌，就「台灣高鐵興建營運合約」與高鐵局展開為期 90 天、每日從早到晚的漫長議約。

陳玲玉為「台灣高鐵聯盟」定調的談判原則是「平等與善意」，不可「官尊民卑」。因為「台灣高鐵公司」並非交通部的下級機關，也非公共工程的承攬人，而是平起平坐的契約雙方（交通部是甲方、台灣高鐵公司是乙方）。

儘管如此，陳玲玉心裡也十分清楚，「台灣高鐵聯盟」僅是「最優申請人」，享有「優先議約權」而已，並不是「得標人」。倘若在交通部規定的 90 天限期內，無法針對「興建營運合約」及「站區開發合約」與高鐵局達成共識，交通部就會立即改和「中華高鐵聯盟」進行議約。

在這樣的壓力下，陳玲玉和蔡明忠達成的談判共識是：「為台灣高鐵聯盟全力爭取權益，但須合理、合法，不會為了維護聯盟權益，而陷公務員於不利。」這是心中堅持坦蕩磊落的初心。後來，高鐵局相關公務員遭到檢

調機關及監察院調查，陳玲玉也挺身出具書面文件，為他們釐清議約行為完全合法，使官員全身而退。

智慧與幽默 挺過議約攻防戰

最特別的是，陳玲玉商請蔡明忠從議約第一天起就必須全程親自參與，而且要坐在她身邊，以便任何問題發生時就能當場解決。這是陳玲玉執業生涯中首次、也是唯一一次如此要求客戶。事後證明，這做法正是「台灣高鐵聯盟」能在 90 天內與交通部議約成功的重要原因之一。

3 個月的議約期，由於內容繁雜，每天都是腦力大戰，雙方字斟句酌，錙銖必較。如今回想起來，蔡明忠與陳玲玉對很多細節依然記憶猶新，團隊之間也形成了深厚的革命情感。

代表「台灣高鐵聯盟」的談判小組共 5 人，包括蔡明忠、陳玲玉、後來擔任台灣高鐵總經理的劉國治、財務顧問吳怡君、洪主民，另外還有未出現在議約現場的譚尹衡、許文賢。高鐵局的談判成員則有局長廖慶隆、副局長周禮良、副局長吳福祥、總工程師徐俊逸，以及律師范雪梅。

每週 6 天的議約會議，由陳玲玉主談。議約期間，她帶領國際通商 10 多位律師全程參與，分成用地、興建、土木、機電、財務、站區等數個小組，與高鐵局相對應的部門進行前置性的小組會議。

當時高鐵局有兩位嫻熟交通法令的議約高手：副總工程師張哲岷及第一組組長李宏生，「獎勵民間參與交通建設條例」（獎參條例）即是由他們兩位所起草。

雙方進行冗長的全天議約時，有好幾次當陳玲玉發言後，高鐵局的張哲岷副總特意提醒廖局長：「陳玲玉又在騙你了，小心點！你現在同意她這一點，接下來她就有新的要求！」雙方常在似假還真中，一來一往進行攻防。

陳玲玉和蔡明忠因此形成一個小默契。當她說：「張副總，請你出去抽菸！」蔡明忠就會把張哲岷和李宏生請出去，3個人在會議室外一起吞雲吐霧、舒緩緊張的情緒。議約雙方往往就是在這樣的幽默與折衝之中，以巧思談出了共識。

挑戰一波波 屢屢寫下紀錄

作為當時全世界規模最大的 BOT 案，台灣高速鐵路在逐漸成形的過程中，當然也不可能始終風平浪靜，一波接一波的挑戰，才剛要接踵而來。

1998 年 5 月 11 日，陳玲玉協助「台灣高鐵」完成公司設立登記，並由董事會選出殷琪擔任首任董事長。國際通商也代表「台灣高鐵公司」與交通部簽署全球金額最高，新台幣 5,500 多億元的 BOT 案興建營運合約。

其中最值得注意的關鍵，還在於國際通商協助「台灣高鐵公司」與交通部簽署前所未見的「政府應辦事項備忘錄」及「合約執行備忘錄」。

2000 年，國際通商也協助完成銀行授信史上最高金額，新台幣 3,233 億元之聯貸案，且代理「台灣高鐵公司」與 25 家銀行組成的銀行團議定聯貸合約。

國際通商還協助「台灣高鐵」面對高度棘手的仲裁案，包括興建期發生的第一件國際仲裁案，代表「台灣高鐵」應訴「歐鐵聯盟」向國際商會（ICC）提出之國際仲裁，其請求賠償之金額高達 8 億美元。

另外，國際通商也代表「台灣高鐵」向中華民國仲裁協會，對交通部提出三件仲裁：就 921 大地震等九項不可抗力事件、法定優待票差額、運量重大變化等三項緣由，提出求償總金額 3,099 億元，成為台灣求償金額最高之仲裁案。嗣經陳玲玉代理台灣高鐵與交通部協商補救方案及延長特許期間，終於以「撤回仲裁案」圓滿落幕！

扭轉頹勢局面 危機變成轉機

我們來看一下「台灣高鐵」與交通部簽署的「政府應辦事項備忘錄」及「合約執行備忘錄」為何特別。

「台灣高鐵」是全球當時興建金額最高的 BOT 案，總建設經費高達 4,423

億元,且至今仍是全球民間投資規模最大的 BOT 項目。尤其,這是台灣公共工程交由民間以 BOT 模式營運的首例,對於政府與民間企業而言,都是一項全新的挑戰與經驗。

光是興建成本就高達 3,233 億元的台灣高鐵,絕非五大成員所屬公司的自有資金所能負擔,鉅額融資勢在必行。針對外界質疑聲浪不斷,陳玲玉因此協助台灣高鐵公司向銀行團說明融資之必要性及可行性,也出面籲請政府敦促銀行團提供借款給台灣高鐵公司。

如果沒有政府出面協助,高鐵興建案絕不可能繼續走下去,團隊成員甚至也一度面臨停擺的危機。

尤其,興建高鐵應由政府辦理的諸多前置作業(例如,高鐵經過的路段應由交通部提供土地等等),交通部均尚未完成。

陳玲玉毅然於 1998 年 7 月 1 日召開記者會,代表台灣高鐵團隊發出「遺憾和期許──台灣高鐵無法和政府簽約」的書面及口頭聲明。一方面對「備忘錄」未能獲得共識,以致 7 月 1 日無法簽約而表示遺憾;另一方面則期許政府官員以坦然、無畏的態度,依法獎勵並協助民間企業完成 BOT 交通建設。

聽到了台灣高鐵團隊的不平之鳴,政府開始釋出善意,同意予以協助。台灣高鐵團隊這才決定繼續走下去,與交通部簽署「興建營運合約」,再一次起死回生。

陳玲玉回憶，90 天的議約結束時，蔡明忠曾問她：「簽約之後，最大的風險是什麼？」

「企業的最大風險是政府。」她當時的回覆一語中的。

即使官員深具誠信，我們仍須考量 35 年的特許期間很長，一定會面臨物換星移、人事變遷，所以非常有必要以「文書」記錄雙方議約條文的背景與真意，她當時如此分析。

首創政府簽訂「政府應辦事項備忘錄」、「合約執行備忘錄」以確保合約執行

為維護「台灣高鐵」未能在短短 90 天的議約期間內所爭取到的權益、並確保政府可以執行雙方所簽訂的合約內容，陳玲玉獨樹一格，首創民間企業（台灣高鐵公司）與政府（交通部）簽署「備忘錄」之先例，並取得雙方同意執行。

1998 年 7 月 23 日，交通部與台灣高鐵公司在盛大的簽約典禮中簽署了台灣首件「興建營運合約」。公諸於世的簽約典禮結束之後，依事前默契，台灣高鐵董事長殷琪和交通部長林豐正立即前往部長辦公室，在陳玲玉與交通部的梁開天律師見證下，由林部長單方簽署「政府應辦事項備忘錄」，並與殷董事長共同簽署「合約執行備忘錄」，以便將雙方的權利義務以白紙黑字說分明。

「強制收買」的一字之差 差之毫釐、失之千里

為了將「強制收買」機制納入興建營運合約，俾使台灣高鐵公司的融資案為銀行所接受，陳玲玉提出說帖，親自拜訪並說服交通部長官，將獎參條例第 44 條所規定的政府「得強制收買」，在「興建營運合約」中記載為政府「應強制收買」。

會這麼做的最大原因，在於高鐵興建資金多達新台幣 4,000 多億元，30% 由股東出資、70% 向銀行聯合貸款。但台灣高鐵公司才剛剛成立，沒有任何資產可抵押給銀行作為借款擔保，故無法向銀行取得鉅額融資。陳玲玉與梁志資深合夥律師因此建議：高鐵建設日後萬一無法興建完成時，以交通部應向台灣高鐵公司「強制收買的價金」（即台灣高鐵公司對交通部現在已享有的未來債權），作為台灣高鐵公司當下向銀行借款的擔保。

陳玲玉回顧當年的談判策略，如果僅以台灣高鐵公司的立場出發，向交通部主張：「沒有強制收買，台灣高鐵公司將借不到銀行貸款」，恐將使協助貸款的交通部官員產生「圖利他人」的疑慮。

因此她決定改從交通部的角度分析「強制收買」對政府的益處，並再次強調：台灣高鐵團隊不會為了自身利益而陷政府官員於不義的初心。

陳玲玉向交通部分析，如果高鐵的興建因為財務因素或不可抗力原因而無法完成，在此情況下，倘若政府不收買高鐵半成品，則銀行團勢將請求法院拍賣。但廢鐵毫無用處，且法律關係極度複雜（土地所有權屬於交通部、

地上權屬台灣高鐵公司、抵押權屬銀行團），這條無人敢買的交通大盲腸，必將嚴重阻礙台灣經濟發展。

陳玲玉所提出的解決之道就是：政府有「權利」購買興建中的高鐵，台灣高鐵公司則有「義務」出售。當「購買台灣高鐵資產」成為政府的「權利」而非「義務」，公務員就不必擔心「圖利他人」（台灣高鐵公司），而敢於放手去做。

推動協調委員會 減少仲裁與訴訟

另外值得一提的是，台灣高鐵公司與交通部議定興建營運合約時，成立了交通史上第一個「協調委員會」，期盼由委員會透過「協商及協調」，解決契約雙方之歧見，希望避免以傳統的「仲裁」或「訴訟」對簿公堂。

依據「高速鐵路協調委員會組織章程」約定：協調委員共有 7 人，除由交通部長為當然委員並擔任主任委員外，台灣高鐵公司與高鐵局各推舉委員 3 人，委員任期 1 年。

當時雙方對於 6 位委員應具何種資格？人選為誰？一度爭執不下。陳玲玉提出一個巧思：「該人選必須是對方所同意」，該提議獲得高鐵局首肯。

陳玲玉的錦囊妙計是，「經對方同意」意味著：高鐵局提出的 3 位委員人選須經「台灣高鐵公司」同意，其結果等同 6 位委員皆為「台灣高鐵公司」所認同，因此有利雙方溝通並達成台灣高鐵公司之期許。

最終的 6 位委員人選順利產生，也啟動了「協調委員會」的機制。可惜的是，後來台灣高鐵公司與交通部的重大爭議仍以「仲裁」解決，令人遺憾。

國際仲裁危機 國際通商力挽狂瀾

回顧台灣高鐵企業聯盟取得與交通部優先議約權之後，將台灣高鐵的機電系統由「歐鐵系統」改為「日本新幹線系統」，引起了不小風波。

2000 年 1 月 12 日，「歐鐵聯盟」因不滿台灣高鐵公司改為採用「日本新幹線系統」，乃向台北地方法院聲請對台灣高鐵公司實施假處分。陳玲玉代理台灣高鐵，於同年 2 月 2 日贏得法院「駁回假處分聲請案」。

不過「歐鐵聯盟」不放棄，繼而在 2001 年 1 月 16 日對台灣高鐵公司，在紐約提出「違約賠償」的國際仲裁案。陳玲玉領軍黃瑞明、李敏惠前往紐約應戰。這樁延宕了 3 年的仲裁案，最終判令台灣高鐵公司賠償 7,304 萬美元（約新台幣 24 億元），相較於歐鐵聯盟原先求償的 8 億美元（相當於新台幣 280 億元），結果差強人意。

如此一步一步走來，跨越重重困難，歷經 2 任（4 屆）總統，籌建超過 10 年的高鐵，終於在 2007 年 1 月 5 日上路，正式展開營運，不僅連結台灣西部各大城市與北中南等地的科技園區聚落，也促成「台灣南北一日生活圈」，為陸上交通帶來了無比便捷，更對台灣經濟發展具有極大貢獻。

曾經擔任台灣高鐵公司 8 年董事長的江耀宗細數，28 年來，陳玲玉與其國際通商團隊，始終陪伴著台灣的第一條、也是唯一的高速鐵路一路前行。從最早與交通部進行 BOT 議約、簽署興建營運合約，到後續處理高鐵財務解決方案的重大法律議題、特別股的執行細節，乃至於日常法律議題的諮詢服務、協助股東常會的順利進行等等，幾乎都有賴國際通商給予專業法律意見與協助，以維持高鐵公司的順暢營運。

「隨著台灣高鐵的財務解決方案在 2015 年告一段落，陳玲玉及國際通商所提供的法律服務，有效地協助了高鐵公司避免相關的法律風險，並釐清紛爭。」江耀宗也從永續經營發展的角度指出：「高鐵公司與交通部的特許期要一路走到 2068 年，這麼長的一段時間，時空環境隨時會變，倘若衍生履約疑義，需與交通部協商或者修約，也都需要國際通商協助。」

「台灣高鐵從 2016 年就已是上市公司，因此對落實公司治理所涉及的法律議題，都是我們期待國際通商能以豐厚的經驗傳承，繼續為台灣高鐵提供法律服務的面向。」

回顧這一路走來，在陳玲玉執業生涯中極為重要的「台灣高鐵」專案，之所以能夠細水長流，她認為，彼此的「信賴」與「夥伴關係」非常關鍵。

蔡明忠也特別認同：台灣高速鐵路從議約到興建、營運，整個歷程高度複雜，最後能夠完工啟運，並對台灣帶來貢獻，中間還是脫不了和律師的「默契」兩字。藉由彼此信賴、信任對方，把不可能的任務，一點一滴推進完成。

第一章：奠基成功

當年，蔡明忠（左）與陳玲玉滿腔熱情與熱血，期望高速高鐵能成就台灣西部一日生活圈。

台灣高鐵專案是陳玲玉的律師執業生涯中，服務期間最長的專案（圖由左至右為劉國治、陳玲玉、廖慶隆、陳世圯、林豐正）。

就是這樣靠著一點點傻勁、一點點熱情，加上一點點的擇善固執，這些當時不計代價往前衝刺的先行者，帶領著團隊，成就了一條貫串台灣南來北往的交通動脈，改變了無數人的生活，發揮了難以計數的影響力，也豐富了今日台灣的面貌。

台灣高鐵興建營運寫下的里程碑

▶ 台灣高鐵案是促進台灣經濟發展的最重要公共工程專案,《獎勵民間參與交通建設條例》實施後第一個BOT（Build-Operation-Transfer,興建-營運-移轉）專案：工程總金額新台幣 5,500 多億元。

▶ 台灣高鐵獲得台灣史上最高金額銀行聯合貸款案：新台幣 3,233 億元。

台灣高鐵興建營運寫下的里程碑

▶ 90 天內完成台灣第一個興建暨營運合約（Construction and Operation Agreement, C&OA）的議約。

▶ 首件由交通部簽署「政府應辦事項備忘錄」，並由民間（台灣高鐵公司）與政府（交通部）簽署「合約執行備忘錄」，以維護台灣高鐵公司權益，並確保政府能夠執行合約內容。

▶ 首件適用《獎勵民間參與交通建設條例》第 44 條，並就個案將該條文所載的「（政府）得強制收買」改為「（政府）應強制收買」，並以「政府強制收買的價金」作為台灣高鐵公司向聯貸銀行借款之擔保。

深厚累積的產業理解
創新回應能源新世代
協助哥本哈根基礎建設基金（CIP）
勇闖台灣離岸風電市場

除了大型交通建設,台灣近30年來另一種著力頗深的基礎建設類型,當推能源領域;台灣的能源轉型,帶動了技術、法制、金融市場的脫胎換骨,中間同樣歷經幾番轉折,反映出時代潮流的轉向與全球環境的變動。

台灣在1970年代推動第一波新型能源,聚焦核能電廠興建,一方面隨著經濟發展,火力發電興起,逐漸取代水力發電;另一方面,由於火力發電的燃料需仰賴進口,其來源的中東地區又局勢不穩,為了確保能源穩定供應,政府決定興建核能發電廠以因應急遽上升的用電需求,第一核能發電廠於是被列入「十大建設」項目,並自1978年12月10日開始商業運轉。

隨著第二核能發電廠(1981年12月開始商轉)、第三核能發電廠(1984年開始商轉)分別被列入「十二項建設」,加上啟建後未曾商業運轉的第四核能發電廠,台灣的核能發電陸續吸引了ABB、奇異GE、西屋等歐美大廠前來競逐核能電廠合約,國際通商法律事務所也為參與了為台電龍門核能發電廠計畫(核四)競標之國際大廠提供備標、及外人投資等方面之法律專業意見。

1990年代中期後,為因應國內用電迅速成長及電業民營化之國際趨勢,政府也開放了民間興建火力發電廠(涵蓋燃煤發電、天然氣發電等),因應民間投資發電廠之鉅大資金需求,也開啟了以「專案融資」模式(Project Finance)興建電廠的時代,再度迎來另一波產業轉變。

2016年,台灣政府通過了再生能源推動計畫,全力衝刺以太陽光電及離岸風電為主軸的能源轉型。尤其對離岸風電的推動,不僅是亞洲的先驅,即使放眼世界,也屬開創性作為。國際通商奠基在參與前階段電業民營化的深厚經驗,保持開放、學習、有創意的態度,再次全面而深入地參與了台灣新一波的能源轉型。

隨著台灣政府提出綠能政策，將太陽能光電與離岸風電視為重要面向，開始造就另一波產業轉型的動能。

在這波離岸風電發展，可以看出國際通商的特色之一，就是與客戶能維繫長遠深厚的合作關係，合作的層次、服務的範圍也更為拓展，不再只限於法律專業，更是共同攜手參與台灣能源轉型的夥伴。

從電力市場架構分析、策略制定、供應商合約、合規法遵、股權轉換、風險控管、關係投資收入的購售電合約及投資建設成本的工程合約，到風場可否順利營運的運維合約等每一面向，都需要法律顧問與開發商客戶密切合作。尤其值得一提的是，由於離岸風電投資金額龐大，格外需要專案融資，因此也必須協助開發商與銀行、保險機構協商，過程環環相扣、參與者眾，溝通介面更加複雜，這方面的法律專業更非尋常律師一蹴可及。

國際通商的強項，就是身為 Baker McKenzie 國際性品牌，擁有全球網絡優勢，及商務法律的專業訓練及團隊，在離岸風電這個同樣在台灣「從無到有」的領域，也能連結更多資源與支援，展現自身優勢。

在這樣的前提下，深耕大型基礎建設領域數十年的國際通商黃台芬律師，再度帶領所內能源及基礎建設專業團隊，投入了台灣離岸風電從無到有的歷程，協助丹麥「哥本哈根基礎建設基金」（Copenhagen Infrastructure Partners，以下簡稱 CIP）進入台灣市場，並茁壯成為少數真正做出實戰成績的外資開發商。

回顧整個歷程，CIP 是在 2017 年開始決定投資台灣離案風電專案，並在

2018 年取得經濟部離岸風電二期遴選風場「彰芳暨西島離岸風場」600 MW（60 萬瓩）容量開發權，由台電保證收購 20 年，並於 2020 年完成 30 億美元，相當於新台幣 900 餘億元之專案融資到位，成為當時融資金額最高、本土銀行參貸比例最高，也是本土保險業者參與比例最高之風場，後於 2022 年陸續併網供電，2024 年全數完成併網商轉。

坐擁天然優勢 台灣成為亞洲離岸風電熱點

倘若要說產業特色，離岸風電的特點之一，就是投資金額龐大，動輒牽涉近千億元，而且各方面的風險也高。2024 年對 CIP 來說是非常重要的一年，所投資營運的「彰芳暨西島風場」，62 支海上風機在突破重重困難後，在 2024 年全數完工、併聯發電。

另外，CIP 與中鋼合作的「中能風場」，亦提前於 2024 年完工。接下來 CIP 參與第三階段區塊開發第一期的「渢妙風場」，也有信心成為唯一可準時於 2027 年完工的離岸風場。

團隊的主辦律師之一陳素芬表示，「準時完工」在很多產業看來稀鬆平常，但在離岸風電產業殊為不易，台灣離岸風電從無到有，需要克服諸多繁瑣關卡，包括競標、議約、海事工程、專案融資、保險、國產化、售電、運維等，每個環節只要一有卡關，就會影響到接續進度，嚴重時甚至會使得整個計畫停擺。

CIP 跨出歐洲投資離岸風電開發的全球第一站為台灣，因此特別需要法律專業的協助。

在台灣推動離岸風電邁向第 10 個年頭的 CIP 區域總裁徐乃文表示，即使到現在，很多人對於離岸風電依然一知半解，更何況是 10 年前。當初很多人馬上會直覺是詐騙，認為絕不可能。但是十年河東，十年河西，經過近期快速而密集的發展之後，海上風機紛紛落成運轉，台灣大眾對於離岸風電的理解，已經不可同日而語。

很多人不免納悶，一家來自遙遠北歐、又在綠能保持領先地位的國際公司，為何會大老遠來到台灣進行如此大規模的能源投資專案？

簡單來說，這是因為台灣擁有豐厚的風能資源，加上政策法規與制度相對完整，因此產生了推動離岸風電的條件，吸引外商前來爭取商機。

台灣海峽其實有著明顯的狹管效應（Valley effect），秋冬風速很高，可以達到每秒 11、12 米的程度，構成讓風機運轉滿載的極佳條件。另外，台灣西海岸相對屬於淺盤地質，加上經過大數據分析研究，確認台中、彰化一帶亦是相對受到颱風侵襲較少的區域，因此具有發展離岸風電的天然環境。

2009 年「再生能源發展條例」通過，訂定了躉售電價規範，更為離岸風電提供了發展條件，促成相關產業的起步。2012 年開始示範風場的嘗試，到 2015 年，政府進一步積極協助排除法規障礙、整備法制並建立一套相對完整的開發審定機制。因此綜合起來，水深淺、細顆粒砂岩地質、秋冬風速強勁，加上躉售電價誘因、政府政策與法規配套到位，整體開發條件一一到位，讓台灣領先亞洲，成為 CIP 跨出歐洲投資離岸風電開發的全球第一站。

這並不表示「萬事俱備，只欠東風」，只要等風機完成後豎立在海上就可以發電了，相反地，眼前困難層出不窮，無論對開發商或政府來說，這都是第一次在台灣進行離岸風電開發，產業遊戲規則以及未來產業的發展前景，都仍在持續摸索之中，特別需要法律專業的協助。

強化投資誘因 吸引外商進入台灣市場

徐乃文細數，台灣發展離岸風電近 15 年，是不分藍綠都在努力推動的政策，早在馬英九總統時期，政府就設立了「千架海陸風力機計畫推動辦公室」，但是礙於電價不高，吸引不了太多投資。蔡英文總統上任後，積極推動大型國際招商，也將離岸風電的電價提高至每度 6 元以上，強化了投資誘因，因此引起國際開發商的注意。

CIP 便是在如此的時空背景下進入台灣市場，並成為最穩定持續投資台灣的國際風能開發商。

光以數字來看，就會發現 CIP 是家不一樣的企業。它除了是全球「創新」綠能的最大開發商，而且旗下管理的 10 多筆基金規模超過新台幣 1 兆元之多；這些基金如果換算成資產，逼近新台幣 4 兆元，投資範圍更是橫跨全球 50 多個國家。

特別值得注意的是，這些龐大資金不是一般的錢，更是「有意義的錢」。CIP 背後 150 至 160 家機構型投資人，絕大多數來自歐洲的退休金（Pension）轉投資或人壽基金投資，另外也包括歐洲投資銀行等大型機構資金。

這些投資人希望鎖定的目標，是能為未來世代帶來裨益的投資，因此才挹注 CIP，藉由企業之力在全球推動再生能源發展，而且鎖定的關鍵是「創新」的再生能源發展。

CIP 因此藉由投資，不斷深耕並探索各種新興再生能源。

除了在離岸風電領域，以大型旗艦基金形式在各國進行投資；另外還投入更具實驗性、尚在發展中的可再生能源，像是高端生質能開發。CIP 也擁有全球第一、也是全球唯一的能源轉型基金，投注於碳工程、碳捕捉、電轉、綠氫、綠氨、綠甲醇等各種前瞻能源科技上。

此外，CIP 還有成長市場基金，協助開發中國家進行能源建設；甚至也擁有信貸基金，可借款予其他綠能開發商，助其渡過艱難的開發期。

「CIP 的信念，是拿著資金及技術去進行投資，」徐乃文解釋，像 CIP 這樣能同時手握雄厚資金跟先進技術的能源開發商，非常少見。

堅毅挑戰精神 行動後發先至

「從一開始，台灣對我們而言就是艱難市場，到現在還是如此。」徐乃文回顧，CIP 創辦人從一開始投入台灣離岸風電，就每月親自由丹麥飛至台灣，參與各種談判與會議，也穿梭在許多斡旋當中，每個環節都投注了許多精力與資源。

她感觸尤其深的是，創辦人特地遠渡重洋飛來台灣，但得要經歷漫長等待，才能與政府官員見到面。但沒想到，創辦人反而很有智慧地對她表示，「倘若事情很簡單，CIP 就不會在這裡！」

這句話她記在心裡，玩味許久，後來事實證明，一路的發展確實愈來愈難，但 CIP 也堅持，困難的事情，只有 CIP 能做。比方，為了呼應政府推動國產化的政策，即使困難重重，仍盡力配合，但也因此累積許多寶貴 know-how，形成了無價的經驗資產，做出不一樣的成績。

以進入台灣的時間來說，CIP 來得晚，佔不了先行者優勢，但後續行動卻相對積極，成績卓越。

例如，CIP 除了自己經營的「彰芳暨西島風場」，也與中鋼攜手「中能風場」；當初中鋼便是在接觸過所有外資開發商之後，最後擇定 CIP 合作。

「中能風場」同樣寫下不少紀錄，不僅是台灣離岸風電史上「本土化」落實率最高的風場，也是公股銀行首度全員參與的專案融資計畫，甚至還超前進度，成為台灣首座提前完工的離岸風場。加上 CIP 開發「彰芳暨西島風場」之後，這兩座並列全台國產化比例最高之風場，也是唯二未向政府申請展延期限，而如期完工的風場。

如期完工、甚至提前完工的背後，其實隱藏著重重困難，只能不斷突破關卡，見招拆招。比方，興建風場的過程，不可避免會發生跟政府部門間有認知或立場不一致的衝突。

「這個時候國際通商就幫上很多忙，在 CIP 內部的評估跟國際通商的外部評估之後，我們認為在法律上站得住腳，政府不該剝奪開發商應有的權利，就會據理力爭，爭取合理權益。」

落實國產化要求 藉折衝突破關卡

CIP 法務長歐博翔也舉例，遇上國產化爭議時，尤其需要國際通商協助，一起擬定策略與政府討論如何折衝。

「政府一開始沒有折衷空間，這並不是件好事，」歐博翔解釋，尋找折衷並不是想取巧，而是，倘若缺乏彈性，就會變成一面倒的狀況。因為，離岸風場的建造必須環環相扣，一個程序接著一個程序，政府不能用原本傳統的產業思維，來檢視這個跟過往截然不同的新興能源產業。

「因此我們得不斷與政府保持溝通，國際通商也給予我們很多建議，一起去跟政府討論出雙方都能接受的方式，讓產業可以繼續推展下去。」

歐博翔分析，CIP 與國際通商共同討論出來的溝通邏輯是：唯有把風場蓋好，配合國產化的在地供應鏈，才能有足夠訂單，後續營運才能維持下去，整個產業鏈才能建立起來。但政府與開發商溝通時，無須堅持國產化的「量」一定要達到某個標準，因為倘若在這些關卡僵持不下，將會導致進度全面延遲，計畫全盤崩壞。

「政府其實也懂這些道理，但溝通就是需要不斷去說明，也要讓政府原本的政策能有新的解釋方式，讓討論繼續下去。」

關鍵點就在於，很多細節並不能用傳統方式思考，必須更靈活找出折衝協調的角度。歐博翔認為，「對於把事情做好，我們必須有所堅持，但同時也得保持彈性，才能把事情做好。」

因此，法律專才就在扮演這個角色，一方面提出合規的建議，讓事情保持在正確的軌道上運行，但同時也找出執行法規架構所容許的彈性，在應對政府的行政契約、工程合約，甚至產生訴訟時的面對策略，都能找出合宜的應對。「關鍵就是：不能用傳統思維一板一眼去讀法律、讀合約，而是回歸到開發商的需求與困難，去找出應對的策略。」

「我們就跟著國際通商一起去尋找這中間的彈性，他們也的確有這樣的能力，去協助我們找到這中間的彈性，確立解決問題的方法。」歐博翔坦言，這些合作的細節，很難以言語形容，也很複雜。但簡單來說，他們在遇到與政府部門間發生僵局時，常會與國際通商團隊，尤其是和陳素芬、王菀慕兩位合夥律師及外國資深顧問 Murray Bowler（紐西蘭及澳洲律師）、Tom Chou（美國及新加坡註冊律師）一起討論、腦力激盪，討論之後，往往可以找出在法律上站得住腳、同時又確實可行的解決方案，去說服政府、說服 CIP 內部，在遭遇卡關困境時重新找到撥雲見日的可能。

「法律本身是依循傳統的，但有時又得有一點創意，這其實非常難。」既要不違背法規的根本，又要激發出解釋法律的創造力，這兩者其實互相衝突，但在 CIP 與國際通商合作的過程中，有很多時刻，都是用這樣的智慧去解決問題。

要在保守的法律框架下激盪出創新的角度，必須要藉由深厚累積的經驗來進行判斷。「Tiffany（黃台芬律師）及國際通商團隊經過這麼多年的積累，非常知道該怎麼做，才能達到突破，重點就在於這種厚度的累積。」

因此無論是針對內部或是外部的解釋、斡旋，另外還包括針對政府、工程承包商、供應商、銀行團、保險公司等環節的協商……，每個過程都非常複雜，每個細節都需要專業的法律夥伴給予中肯的建議。

比方，融資的面向、合約的溝通與議定、公文與法規的解釋、投資合作的架構、國產化的供應鏈，這些都需要國際通商的專業法律服務來幫忙。另外像「彰芳暨西島風場」成為國內首度有壽險業所投資的風場，這種前所未有的情境，合作架構該怎麼擬定？如何讓保險局核可？這些商業上跟金融產業上的高度複雜問題，也都是經由與國際通商有專業融資經驗的律師及顧問們緊密配合，逐一完成。

在嘗試與創新的過程中，國際通商扮演著獨特的陪伴角色，讓 CIP 更無後顧之憂。

因此，徐乃文感性表示，「這一路走來非常不易，各個時刻幾乎都有國際通商，他們團隊一直陪伴著我們往前。」在這條開創的路上，有時撞到了一些狀況，就會趕快諮詢國際通商，彼此形成緊密的夥伴關係。尤其國際通商經手過台灣無數的大型基礎建設案件，CIP 則在歐洲擁有深厚的能源開發案經驗與資源，雙方結合各自優勢，激盪出更多的火花。

不只是能源產業 更是國家發展指標

回首 30 多年的律師執業生涯，見證過無數台灣基礎建設浪潮的黃台芬，

對於參與台灣離岸風電的發展，內心格外澎湃。「它並不只是把風力發電機蓋在海上這麼簡單而已，事實上與國家的產業鏈、金融業、電業銷售等等都有很深的關係，也是各方面產業脫胎換骨的過程。」

一項大型基礎建設項目可以成功，不只能夠帶動產業發展的視野與專業度，也能帶領著整個社會往上提升，台灣的發展，就是這樣一步一步累積起來。

「台灣需要綠電，高科技產業才能將產品銷售到海外。」因為大型企業都開始要求供應鏈採用綠電。就連銀行金融業，也從未遇過這麼大規模的融資，可是有了這樣的經驗，金融產業的融資規模、視野與 know-how 也會向上再升級。

「這裡頭所蘊含的時代意義，就是台灣正在走向更開放、更永續的能源之路。」徐乃文分享觀察表示，過去台灣僅有一家國營電力公司，但在走向離岸風電第三階段區塊開發後，「企業購電」會成為一門新學問。

第三階段區塊開發沒有躉售電價、對於國產化的要求也更為加深，這都是愈來愈困難的關卡，但 CIP 還是堅持繼續深耕台灣市場。目前正緊鑼密鼓與企業用電大戶討論「企業購售電合約」CPPA（Corporate Power Purchase Agreement），國際通商在這方面也貢獻良多。

「這與過去的躉售電價完全不同，必須更靈活運作。如何能談到讓融資的銀行團放心，裡頭也有很多細節，必須要有更多創新，國際通商在這方面提供很多的協助。」

過去，台灣企業從未經歷這種自行購電的需求，對他們來說，購買綠電的價格跟時間將是關鍵；這些企業往往都有產品出口的壓力，必須因應各種碳稅或綠電規範，為了維持出口競爭力，非得要採用綠能不可。

想購買穩定、大宗、長期的綠電，唯一解方只有離岸風電。面對這全新的購電需求，如何簽訂各種合約？這對離岸風電開發商非常重要。

「對我們而言，必須要非常講求時效性。儘快將剩下的電力賣掉、跟已經議定購電的企業達成協議，這些都有時間的急迫性，因為在融資到位之前，開發商要承受極高的資金壓力，像是CIP財力比較雄厚，都還要先準備40億、70億不等的資金，這是非常大的重擔。」

徐乃文也點出，這裡頭還有另一個關鍵困難點，在第三階段區塊開發，離岸風電開發商的售電，未來將走向「多家」發展，除了各家需求不同，另外一個原因，是一些傳統產業過往不需向銀行貸款，因此缺乏信評。但是離岸風場動輒高達數百億元的融資，一定會有國際銀行參與，這些銀行一定需要購電客戶的信用評等，否則無法評估未來風場的售電風險。因此未來的購電客戶組合，有些可能風險會高一點，有些風險則低一點，整體要達到平衡，才能讓融資銀行團點頭接受。

向離岸風電開發商購電的企業，每家也會有不同要求，因此在合約管理上也會愈趨複雜。

「因此，離岸風電的時代意義，在第二階段區塊開發時，是展現台灣於技

術上可以『做得到』的實力，但在第三階段區塊開發，將更進一步發揮台灣存在良好的資本市場，能夠去推動可再生能源的永續發展。」歐博翔也分享他的觀察。

電業經營者在市場自由化後有許多挑戰，政府必須尊重並了解市場，一起找出發展的解決方案，「我們現在就是正在做這件事情。如果可以做得下去，會超越既有的能源基礎建設，這就表示，就其他基礎建設可以做得更好，對於未來，也有特別的指標意義！」

這個路程不容易，但有意義。CIP 會與國際通商及其他夥伴，繼續前行。

由左至右為歐博翔、黃台芬、Murray Bowler、徐乃文、陳素芬。

第二章：國際接軌

率先來台投資的先鋒

台灣第一家大賣場
家樂福（Carrefour）誕生

（本文內容由陳玲玉律師提供）

早期，國際通商法律事務所的業務重點之一，就是在眾多外商進入台灣市場之際，為其提供法律相關服務。

不同時期，進入台灣的外商產業也有更迭，比方1980年代隨著經濟民生不斷起飛，跨國零售知名品牌紛紛登台，將台灣視為進入大中華地區、甚至亞洲市場的灘頭堡。

1980年2月9日，台北市長安東路熱鬧滾滾，台灣第一家「7-ELEVEN」正式開幕。而1988年12月2日，台北車站商圈也迎來首間「全家」門市。兩大國際品牌相繼進入台灣市場後，如今合計已在全台開設近萬間門市，相當於每1,700人左右就擁有一家便利商店，密度高居全球第二，僅次於南韓。

無獨有偶，大賣場的興起，也見證了1980年代台灣的經濟狂飆，以及隨後帶來的消費型態巨大轉變，成為電商與網購興起之前，台灣舉足輕重的零售業態。

法商家樂福（Carrefour）率先於1989年進軍台灣，大受歡迎。同樣來自法國的佳喜樂集團（Group Casino），以及美國的好市多（Costco）、英國的特易購（Tesco）、法國的歐尚集團（Auchan），也分別在1996、1997、2000、2001年陸續進入台灣，一時造就台灣大賣場百花齊放的榮景。

儘管零售業的發展歷經了巨幅的興衰起落，但有些品牌至今仍在台灣市場扮演舉足輕重的角色，與大眾日常生活緊密連結。近年家樂福雖然經歷經營更迭，但仍是最早在台灣市場取得成功的外資零售業經典案例，亦是國際通商相當重要的代表性客戶。

50 YEARS FOCUS ON THE FUTURE
在地深耕 全球佈局

眾所周知，法國 Carrefour 公司成立於 1968 年，率先提出「大賣場」的創新概念：場內可以販賣各種商品，價格都有折扣，並提供客戶專用停車場。Carrefour 在法語的意思是「十字路口」，用以說明交通條件對商場的重要性。經營 60 餘年來，Carrefour 迄今仍是歐洲規模最大的 Hypermarket（比超市大的「大賣場」）之業者，在歐洲零售市場佔有舉足輕重的地位。

1987 年，Carrefour 資深副總 Gerard Clerc 奉派前來台灣尋找商業合作夥伴，目標是設立亞洲第一家大賣場。當時他面臨台灣和法國迥異的幾個情況，首先是經濟部尚無「經營超市」（當然更無「大賣場」）的營利事業登記。

陳玲玉（後排左二）回顧自 1987 年以來，國際通商及她個人已為家福公司及家樂福基金會提供先後長達 38 年的法律及公益服務。

再來，作為「量販店使用」的土地很難取得。Gerard Clerc 來到台灣的最初 18 個月，和許多地主洽談，皆因地價昂貴而無法承購，所以改為「承租土地」以興建大賣場。

大賣場必需的停車場，過往在法國都設於一樓，但台灣因一樓房價昂貴，故改設在地下室及賣場上方。貨架擺放和貨品陳列習慣，也與歐洲截然不同，必須重新設計。

此外，台灣的經營管理方式採因地制宜，與歐洲迥異，比方，台灣的供應商收到家樂福訂貨通知後，第二天立即送貨，所以台灣家樂福的庫存量比法國降低了約 50%。

「大賣場」首進台灣

1987 年間，陳玲玉律師與時任國際通商資深顧問的陸台蘭顧問，陪同 Gerard Clerc 在台北市區最熱鬧的西門町及忠孝東路四段逛街，協助他了解台灣商圈。

在陳玲玉提供多位台灣產業的名人資訊後，Carrefour 終於認同其建議的高清愿先生，因此，國際通商在 1987 年 8 月 15 日協助 Carrefour 和統一企業簽署合資協議，並於當年為 Carrefour 辦理「家福公司」的籌備及設立登記。由 Carrefour 出資 60%，統一企業出資 40%，總公司設於台北市南港區，台灣第一家國際級大賣場「家樂福」，於焉誕生。

「家樂福」是 Carrefour 集團在亞洲所使用的標章。「家樂福」代表「家家快樂幸福」之意，係高清愿先生所構思，並由國際通商陳玲玉代表家福公司申請商標及服務標章的註冊登記。

家樂福開展的第一家店（大順店）於是在 1989 年落腳高雄揭牌營運，並於 1991 年拓展第二家分店，到了 1992 年，第六及第七家分店也相繼開幕。由於經營成效如此優異，Gerard Clerc 被提拔為 Carrefour 總公司的董事，並擔任亞太區總裁。

為了協助家福公司向台灣經濟部取得經營大賣場的「公司營利事業登記證」，並向政府機關建議就「大賣場使用土地」給予特殊地目，而非當時既有的「一般工業區」，陳玲玉一再運用個人信譽向政府官員溝通，其付出顯非按時計酬的律師費所能評價與支付，但她樂於享受為國家引進優良企業的成就感。

為每個「家」庭帶來快「樂」與幸「福」

又因家福公司在台灣經營「家樂福」大賣場 8 年之後，業已穩健獲利，1996 年陳玲玉主動拜訪 Carrefour 副總裁 Gerard Clerc 及統一企業高清愿董事長，促使雙方共同設立非營利的「財團法人家樂福文教基金會」，由基金會出錢出力回饋台灣社會，並提升家樂福的企業形象。

幸蒙 Carrefour 高層首肯及統一集團董事會大力支持，1996 年 2 月 7 日完成「財團法人家樂福文教基金會」的設立登記，陳玲玉並擔任創會董事，迄今（2025 年）已近 29 年。

基金會成立以來所舉辦之公益活動，內容包羅萬象、地方不分城鄉。除了文教活動，亦包括市集擺攤、非籠飼雞蛋、環境保護、惜食續食等等，令人激賞！最難能可貴的是，基金會善用家樂福店鋪的人力與資源，勇奪天下永續公民獎、台北設計獎、台灣企業永續獎、食創獎、Buying Power 社會創新產品及服務採購獎勵首獎等諸多榮譽。陳玲玉說：「身為創會董事，深感與有榮焉。」

2022 年 7 月 19 日下午 11 時 40 分，統一集團在台灣證券交易所召開記者會，宣佈由統一企業斥資 311 億元買下法商 Carrefour 持有之台灣家福公司 60% 股權，家福公司因而成為統一集團百分之百獨資公司，於 2023 年 6 月 30 日完成交割。

2023 年，家樂福文教基金會持續推動「從 i 開始」公益活動，強化每個 i（我）都具有 impact（影響力），「從 i 開始」可以降低社會衝突，「從 i 開始」可以改變世界！

陳玲玉回顧 1987 年 7 月以來，她對「家樂福」先後長達 38 年的法律及公益服務，滿懷感恩及欣慰，至盼家樂福文教基金會繼續為每個「家」庭帶來快「樂」與幸「福」！

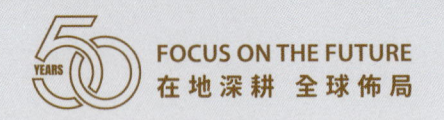

寫下台灣金融史上紀錄

富邦金控在國際金融巨人肩膀上一躍而起

不只與民生消費息息相關的零售業從 1980 年代開始經歷了巨大轉變，台灣的金融業在 1990 年以後，也逐步從金融管制朝向市場自由化機制發展，一系列的措施與產業趨勢，包括開放新設銀行、公營銀行民營化、成立金控集團擴大經營範疇、金融整併風潮等，都使金融業產生質與量的巨大改變。

這使得國內金融機構不僅規模更為拓展，商業觸角更形多元，甚至開始與國際緊密接軌。

最顯著的例子，就是 1999 年，台灣出現了當時投資金額最高、達到 8 億美元的單一外人投資案，成為當年亞洲最大的金融入股案。

國際通商法律事務所當時便代表富邦集團與美商花旗集團組成策略聯盟專案，協助富邦集團與花旗銀行於 2000 年戰略合資，內容涵蓋：銀行、保險、人壽、證券、證券投資信託等領域的 5 家富邦集團旗下公司，也讓富邦集團脫胎換骨，躍身國內頂尖金控集團。

國際通商榮譽首席顧問陳玲玉律師，及特聘資深顧問汪士邁、特聘資深顧問王悅賢，特別回顧了這樁在台灣金融圈史無前例的跨國結盟。

50 YEARS FOCUS ON THE FUTURE
在地深耕 全球佈局

汪士邁、陳玲玉、王悅賢（由左至右），於 2000 年協助富邦集團與花旗銀行戰略合資，寫下台灣金融圈史上紀錄。

「這是台灣金融史上金額最高的單一外人投資案！」陳玲玉回顧，當時花旗集團委任律師來自美國 Skadden Arps 事務所，由於花旗總部在紐約，與台灣時差達 13 個小時，日夜顛倒，因此富邦集團的蔡明興先生與蔡明忠先生，經常與陳玲玉以及汪士邁、王悅賢在國際通商辦公室開會，有時晚上 9 點起始的電話會議持續整晚，與花旗的委任律師一起熬夜討論。

這宗合作案無論在規模或內容上均屬史無前例，在最後談判階段，為了防止消息走漏，陳玲玉與汪士邁、王悅賢陪同時任富邦人壽總經理的蔡明興前往東京，與花旗代表針對策略聯盟進行最後協商。

經過漫長而縝密的討論後，花旗與富邦在 2000 年 7 月 19 日以「越洋換約」方式，正式簽署策略聯盟合約。當天陳玲玉陪同蔡明忠、蔡明興在台北富邦大樓 17 樓簽約，汪士邁、王悅賢則前往美國，與 Baker McKenzie 紐約律師在紐約市見證花旗代表簽約。

回顧代表富邦前往美國簽約的這段難忘歷程，汪士邁與王悅賢都對當時與花旗指派的律師事務所交手過程，印象特別深刻。面對其他享有盛名的頂尖商務法律事務所，國際通商非但毫不遜色，而且有條不紊，應對各種繁瑣合約細節，確實維護客戶權益。

「當時代表美方花旗的除了 Skadden Arps，還有另一家法律事務所，但是代表富邦的就只有國際通商，一肩挑起所有重任。」汪士邁與王悅賢兩位顧問分析，無論是從交易的複雜程度、文件的龐大數量，甚至是反覆進行的協商，都足以使它成為國際通商發展歷程當中最具挑戰性的關鍵案件之一。

規模效益 千禧年最大外資單筆投資案

細看策略聯盟內容，花旗集團當時斥資 8 億 1600 萬美元（約新台幣 252 億元），取得富邦集團旗下 5 家公司，包括富邦產險、富邦證券、富邦銀行、富邦人壽與富邦投信各 15% 股權，並取得各公司的一席董事席位。花旗集團與富邦集團在正式簽署合約之後，雙方共同向主管機關提出申請並取得核准，整件策略聯盟交易案在該年年底完成。

在與國際通商團隊密切合作下，富邦引進站在世界金融舞台的花旗，大幅提升了經營體質與管理制度，促使富邦躍升為台灣金控業的翹楚。

當時國內媒體指出這宗策略聯盟的重要性：「花旗集團與富邦集團策略聯盟案於當天以越洋換約方式正式簽署合約，雙方將攜手成為台灣金融市場的領導者，並共同擴展亞洲金融市場版圖。」（2000 年 7 月 19 日《理財網基金》）

花旗集團也表示，這是台灣歷年來外資最大的單筆投資案，亦為花旗在亞洲（除日本外）最大投資。此合作案更具意義的是，它是花旗集團在美國境外第一次跨足保險事業的投資，創下花旗集團全球首例。

在引進國際重量級策略合作夥伴後，富邦集團成為花旗集團於產物保險、人壽保險、銀行、證券及資產管理等所有金融事業經營的重要合作夥伴。富邦保險與富邦人壽與旅行家保險公司密切合作，引進先進科技與創新產品，為顧客創造更高的經濟價值。

此外，花旗銀行為富邦銀行提供科技及教育訓練的支援，進而大幅提升富邦銀行的整體競爭力，雙方積極強化不同領域合作，擴大經營綜效。

公司治理領先 富邦金控首設獨立董事

特別值得注意的是，在《公司法》尚未規定設立「獨立董事」之際，2002年2月6日，富邦金控臨時股東會便率先選出兩名「外部董事」，一位是台積電的財務長張孝威，另一位是當時擔任國際通商資深合夥人的陳玲玉，創下台灣上市公司延聘非股東身分自然人出任董事的首例，也為國內企業的公司治理樹立全新典範。

當天股東會後的董事會，推選富邦銀行董事長俞政出任富邦金控董事長，蔡明忠改任副董事長，蔡明興則續任總經理。

經過考量之後，陳玲玉對富邦金控的專業肯定與厚愛重用，雖然心存感激，惟以衡量同時擔任「富邦董事」與「富邦律師」，兩者之間恐有職責歧異，因此她以較高道德標準自我要求，於2002年3月6日親書「辭卸董事聲明書」，選擇以「律師」身分繼續為富邦集團提供法律服務。聲明書說明：「貴公司（富邦金控）有9席董事，在本人辭職後仍有8席，依公司法規定無須辦理董事補選。」

金額最高的海外可轉債 第一件不動產證券化

2002 年，國際通商團隊在汪士邁與陳玲玉帶領下，再度協助富邦金控，成功募集 4.3 億美元海外可轉換公司債，不僅躍居台灣有史以來發行金額最高的海外可轉債，也是國內第一家發行海外可轉債之金融業者。

不僅如此，2004 年陳玲玉還帶領國際通商團隊，協助富邦金控集團完成台灣金融市場第一批不動產證券化案之「富邦一號」，再度創下歷史，讓富邦金控集團的佈局更躍進一步。

20年革命情感

與東森齊上戰場
引進外資佈局媒體版圖

隨著 1990 年代蓬勃發展，各類型媒體及新興消費購物管道，激發出更為突飛猛進的商業場景。

這箇中原因，得回溯至 1988 年報禁解除，及 1993 年開放廣播頻道和有線電視。這些措施促使新設立的平面與電子媒體快速崛起，帶來爆炸性的成長。

尤其電視頻道的激增，更與有線電視系統的發展息息相關，在網路時代躍起、OTT 串流服務席捲之前，台灣幾乎家家戶戶都安裝了有線電視頻道，百家爭鳴的局面讓這塊市場在蓬勃發展下成為兵家必爭之地。

東森集團當時便在這波媒體變革榮景中扮演重要角色，不僅成為有線頻道整併關鍵，還率先開創有線電視系統台、衛星電視台、電視購物台、網路購物與光纖寬頻等事業。特別是首開先例，在有線電視系統與電視購物兩大領域引入外資，寫下台灣商業發展新頁。

國際通商法律事務所於 1990 年代即開始成為東森集團的主要法律顧問，為彼此合作奠下深厚基礎，在 2006 年協助東森集團引進凱雷（Carlyle）集團購得「東森媒體科技」與「東森電視」股份，創下交易總價值超過 10 億美元的紀錄。

2009 年國際通商也再度協助東森集團將「東森購物」出售予新加坡匯亞集團（Transpac Capital），並於 2012 年協助東森集團重新收購買回「東森購物」，見證了東森集團多角化經營的完整歷程。

第二章：國際接軌

王令麟（左）與王悅賢一路合作以來，不僅擁有絕佳溝通默契，更結下革命情感。

「每當我們遇到重大戰役,就一定會找國際通商,在東森建立商業版圖的過程裡,每場戰役他們都陪著我們一起突破!」東森集團王令麟總裁表示。

回顧雙方近 20 年的情誼,國際通商特聘資深顧問王悅賢(以下亦稱 Kevin),細數了歷年見證東森集團的發展與改變,光是投入有線電視系統的整合,就讓他大為讚嘆。

「有線電視本來是江湖味很重的一個領域,我們記憶中的第四台,拉線、跑帶,就是最早的開始,後來形成每個地方上的有線電視系統台,經歷整合後,才逐漸形成『和信』跟『東森』兩大平台的局面,而後發展成為國際資本競相追逐的金雞母行業。」

整併有線電視 躍身系統霸主

這段時期大概是在 1980 至 1990 年代,除了主要 3 家商業電視台之外,還有私營的各種地下電視台,根據推估,1990 年代中期,台灣第四台總數曾高達 400 家,訂戶估計超過 300 萬戶,滲透率達七成以上。

在從「地下」變身「合法」的過程中,首先是 1992 年第四台業者遊說推動有線電視合法化,取得了重要進展。立法院在 1993 年 7 月 16 日三讀通過《有線電視法》,隔年並開放資格審查,發放有線電視系統業者許可證,讓「第四台」走向「有線電視系統台」。

在業者各據山頭的狀況下，東森藉由併購、合資與聯盟等形式，開始推進整合，成為有線電視系統霸主，1995 年 7 月成立東聯先進多媒體，成為首家多系統經營者（MSO），主要股東除了遠東倉儲 (即東森國際) 外，還有華新麗華、國產實業、中興保全等集團以及富邦蔡氏兩兄弟私人投資。1996 年增資 1 億元，新加坡匯亞財務集團加入。1997 年獲得經濟部委辦的民間「寬頻城市發展」科專計畫，更名為「東森多媒體」。1999 年國際兩大投資基金公司 Capital International 及 AIDEC 增資 10 億元，公司最後更名為「東森媒體科技」。

仔細回顧，這一切發展的契機可追溯至 1991 年。當時王令麟與有線電視系統業者合資創辦「友聯全線傳播事業股份有限公司」，專門供應合法版權的錄影帶給有線電視系統業者。

1992 年該公司更名為「力霸友聯全線」，開始跨足衛星電視頻道經營，成立 U1 電影台及 U2 綜合台兩個衛星頻道。1996 年 U3 體育卡通台、U4 ROCK TV 正式開播，為國內唯一轉播中華職籃賽的體育頻道。隨後在 1997 年更名為「東森傳播」，旗下陸續開設幼幼台、綜合台、戲劇台、新聞台、電影台、洋片台與財經新聞台等 7 個頻道。2000 年更名為「東森華榮傳播」，在美洲落地，跨足海外頻道經營。2006 年美國卡萊爾集團參與增資，東森華榮傳播更名為東森電視，經營 7 個自製頻道，包括東森新聞台、東森新聞 S 台、東森電影台、東森洋片台、東森綜合台、東森幼幼台及東森戲劇台，外加併購之超級電視台及超視育樂台，以及代製之東森大禾公司東森娛樂台，合計 10 個頻道，成為台灣最大的電視頻道集團。

「頻道的整併跟媒體的開創，其實最辛苦的地方，都是『人』的問題。」王令麟細數了一路以來重要的合作夥伴與主管，包括法律智囊國際通商團隊，一步步把媒體王國經營起來。

開拓媒體版圖 搶佔先行者優勢

後來他發現，台灣市場實在太小。

「我們在台灣做電視，大概從 1995 到 2002 年，那時候我特別感謝雷倩，雷倩做到美國 ABC 廣播電視網的副總裁，她力促我要走出去，而且帶我到美國觀摩電視經營，看完才發現我們真是井底之蛙，我就決定要帶著東森跨出台灣。」

後來，東森頻道果真躍身國際，從美國到中南美洲，甚至歐洲，總共有 8 個台在海外落地，成為台灣媒體首例，也是至今唯一。更讓他覺得自豪的是，當時大陸在海外只有一個中央台，「等到我們在美國鏗鏘有力，大陸才下達命令一口氣開設 16 個台。」

到了 1999 年，他又大膽嘗試將觸角伸向電視購物。「一開始好慘！繳了很多學費，」王令麟回顧，沒想到，一場 SARS 世紀疫情，讓大家不敢出門，卻彷彿上帝開啟機會之門，電視購物業績一夜之間翻揚，最高時期 2004 年甚至做到一年 300 億元，至今貢獻力道依然不減，累積近 25 年的會員基底，消費黏著度夠深。

從有線電視系統台、衛星電視頻道、電視購物，再到寬頻光纖固網、網路媒體，王令麟在每次轉型中，一再發現，拓展版圖除了要有遠大目光，同時還需要充沛的資金，不能僅靠單打獨鬥，所以決定大膽引進外資。

正是因為這個決策，2006 年凱雷集團以超過 10 億美元（約新台幣 300 億元）入股東森媒體集團，取得「東森電視」40%、「東森媒體科技」約 80% 股權及「東森購物」約 25% 股權的選擇權，不僅成為台灣媒體發展重要里程碑，也揭開東森與凱雷之間分分合合近 20 年的序幕。

合縱引進外資 法律攻防不斷

其間，每次股權轉換都出現許多波折，簡單講，就是何時賣？賣給誰？怎麼賣？次次迭有驚奇。「談這些併購與買賣要很靈活、富有策略，不是那麼容易，」王悅賢表示，商業談判不只是法律文字的來回攻防，更要看清楚人性、對方利益及雙方沒注意到的各種潛在風險，替客戶防範未然之餘，更要協助客戶化解分歧、完成交易、創造雙贏，才是王道。

「國際通商在過程中幫我們跟外資談判，Kevin 顧問及律師團隊們攻守得非常好。」王令麟對 Kevin 讚許有加，「尤其我們決定要出售股權時，他更是狠角色，我們應用很多策略，在談判時還曾三進三出，最後能夠順利談成，真的很不簡單。」

後來王令麟經歷入獄風波，人生幾經跌宕，回頭重建東森商業版圖，他最感念的還是國際通商陪著一路渡過難關。

隨著王令麟在 2015 年底假釋出獄，他在 2016 年宣佈，想從外資手中買回「東森電視」東山再起。凱雷雖然也想出售，但不肯輕易出脫，後來東森集團採取法律動作，展開一連串的訴訟攻防，讓凱雷不能隨意出售「東森電視」給其他人。

這期間，「東森國際」被認定擁有「東森電視」優先購買權，卻頻頻受到凱雷否認阻撓，也不斷遭遇其他對手前來搶親，一波未平，一波又起。

到了 2017 年 11 月，情勢逆轉，王令麟轉念一想，決定賣出「東森電視」40% 股權，並聯合掌控 60% 股權的凱雷一起打包出售，自此全面退出「東森電視」經營。雙方從劍拔弩張，轉為聯手出擊。最後由地產大亨張高祥旗下的茂德國際投資公司以新台幣 177 億元買下，成為近年台灣電視頻道市場最大一筆交易案。

不僅如此，國際通商在 2009 年也協助東森集團將「東森購物」出售予新加坡匯亞集團（Transpac Capital），其後再於 2012 年協助東森集團重新購回「東森購物」。但這當中的過程，同樣法律攻防不斷，內容曲折複雜，同樣由國際通商協助處理所有的訴訟紛爭。

當初接手「東森購物」的新東家，不僅未能依諾履行某些合約條件，更超過合約範圍，要求王令麟不得在包括大陸在內的全球地區發展電視購物業務，且在任何情況都不得再使用東森名號。王令麟認為對方欺人太甚，在確定合約沒有競業禁止的限制後，成立「森森購物」予以反擊。王令麟憑藉著在有線電視系統業者間的人脈與市場情勢的掌握，搶先租下原由

「東森購物」承租的頻道，改播「森森購物」。「東森購物」新東家則祭出假處分手段，從兩個敗訴的假處分，一路死纏爛打的抗告與上訴，最後衍生出 60 多個法律攻防案，幾乎可說是創下世界紀錄！

在司法層面之外，主管機關 NCC（國家通訊傳播委員會）則擔心消費者打開原先播出「東森購物」的頻道，看到卻是「森森購物」，恐有損消費者權益，於是也對有線電視系統業者祭出行政處分，召開公聽會，要求系統業者不能播送「森森購物」節目訊號。「這等於讓不付租金的惡房客仍佔用已改租給別人的店面繼續做生意，只因害怕消費者打開電視見不著原東家……，豈有此理？」國際通商後來替東森集團打到全面勝訴，讓「森森購物」進駐原先播出「東森購物」的頻道，重啟東森集團的復興之路。

20 年信任基礎 彼此默契十足

每次王令麟需要法律諮詢，就說「把 Kevin 找來」，因為他非常信任王悅賢的能力，彼此也有很好的溝通默契，而涉及訴訟行動時，Kevin 也都佈署最強的律師團隊。

跟王令麟相處 20 多年，王悅賢認為他雄才大略，非常重義氣。

「從有線電視這一盤棋，歷經了許多的改變，再來東森集團從有線頻道、電視購物，接著走向開創網路媒體、網路購物，使用 AI，每一樣都走在時代前端，」王悅賢認為，王令麟有他獨到的商業眼光，因此能轉敗為勝。

王令麟之所以信任 Kevin，則是因為他能綜觀全局、切中要點，深諳人性與策略，能以靈活的頭腦善用法律而不是被法條束縛，同時以易懂的語言進行溝通化繁為簡，因此深得信任，成為東森集團佈局的重要智囊。

「比方我們剛開始在台灣經營有線電視系統時，金融界聽不懂這是什麼東西。後來我們投資光纖電纜，順應世界潮流，準備把資產埋在地下，沒人做過這樣的事，那又借不到錢，怎麼辦？」王令麟就到國外尋找私募基金，發現他們不僅聽得懂箇中商機，而且很有興趣，但他們的律師對合約的要求很嚴格，一本英文合約動輒上百頁，所幸在國際通商的專業法律和外語能力協助下，很快就完成合約簽署，成功募集到 100 多億元。「銀行後來發現有這麼多外資投資，才開始敢借我資金。」

「我們經營有線電視系統及衛星電視頻道，自有資金加上銀行借款，250 億元是很大一筆投資。」王令麟表示，他特別感謝國際通商一路以來的協助，「剛開始我們的觀點都很 local，缺乏國際經驗，那時候他們團隊協助談判所有投資相關合約，很多條款是我從來沒想過的。」

「你知道外資，他們也很厲害啊！Kevin 帶給我們很多國際的專業知識，不會講一些聽不懂的法律術語，我就很容易理解。」在這個過程中，國際通商的專業團隊很擅長抓到痛點，快速切入核心。

「所以我們有外資投資的前後 7 年裡，我雖然握有 40% 股份，董事也有過半，但從沒動過一票表決權，我很感謝 Kevin，他協助我們如何和老外溝通和談判。」

從 1995 年一路到現在，兩人從很年輕開始，一起開創不同事業，不但成為很好的合作夥伴，結下革命情感，私底下也是好兄弟。

王令麟細數，從 1999 年引進國際二大投資基金公司 Capital International 及 AIDEC 增資東森媒體科技 10 億元、2005 年 SARS 期間法國興業等 5 家外商銀行 4 億美元的東森媒體科技聯貸案、2006 年凱雷集團超過 10 億美元的投資，到 2017 年以 177 億元高價賣出「東森電視」，接著 2018 年併購香港「草莓網」及香港上市公司「自然美」，「我們沒有找第二個人，因為 Kevin 了解我們，就像你找醫生，一定是找自己熟悉的來看，所以過去 20 幾年，他一定站在我們的立場思考，幫我們把案子做到成功。」

「而且最重要的一點，國際通商是全球性的法律事務所，走到哪裡都可以給出最周全的見解，這對我們推動企業國際化，特別有幫助。」王令麟對 20 年來的攜手合作，做出深刻註解。

第三章：合縱海外

傾力襄助貿聯集團進軍歐洲

擴張國際版圖

在全球化的時代，國際通商法律事務所不僅協助外商進入台灣站穩腳步，同時也陪伴台灣企業佈局國際，完成跨國併購或達成策略聯盟。

在全球化趨勢下，企業進行跨國併購或策略聯盟是一個重要步驟。台灣的企業面臨市場飽和及成長瓶頸，透過國際佈局，可以進入更廣大的市場，分散風險，提升競爭力。

企業透過跨國併購或策略聯盟，可以獲取跨國資源和技術時，但也必須善用智財法律而有效保護資源及技術；可以取得跨國市場銷售網絡、客戶基礎及品牌效應，但也必須了解不同的消費法規；可以提升生產規模經濟及降低勞動成本，但也必須遵守當地產品製造及勞工權益等法令。

可見，跨國併購或策略聯盟過程中，評估及遵循不同國家的法律也是非常關鍵的挑戰，無論是前階段之併購合約、後續之購地、建廠、僱人等契約之權利義務，都需要與法律顧問建立信任關係及合作默契，以獲得最佳保護。例如，併購和聯盟是選擇獨資模式（設立海外子公司）或合資模式，不但取決於企業的風險承擔能力、資本強度及市場複雜性，亦必須根據當地法令進行調整。

因此，除了企業本身必須能對目標市場有深刻的了解、嚴謹的規劃以及靈活的執行能力，更需要一個值得信賴而專業的法律諮詢團隊，才能在全球化競爭日益激烈的當下，讓擁有前瞻性佈局的企業在國際市場中茁壯發展。

舉例而言，貿聯集團這家為知名品牌諸如 Dyson 以及特斯拉 (Tesla) 電池管理系統供應線束的大廠，也在兩次歐洲併購行動中，請來國際通商傾力襄助，讓進軍海外的國際化佈局再上層樓。

對於跨國併購，貿聯（BizLink）其實並不陌生，早在 1996 年創立後兩年，這家連接線束與系統整合解決方案大廠，就收購一座位於墨西哥契瓦瓦（Ciudad Juarez Chihuahua）的工廠，並取得康柏電腦、飛利浦等客戶，踏出擴張國際版圖第一步，藉由併購陸續成功打進過往難以攻克的客戶，成功將佈局放大。

經歷將近 20 次大大小小的併購後，目前貿聯在美國佛利蒙（Fremont）、艾爾帕索（El Paso）、底特律、加拿大安大略、中國大陸佛山、江蘇、馬來西亞檳城、印尼巴淡、德國、法國、捷克、斯洛伐克、塞爾維亞等地，全球佈局超過 30 座工廠，遍及北美、歐洲、亞洲，並主攻車用、半導體、家電、醫療、工業等領域，除了帶來屢創新高的股價與營收，營業額也攀上每年超過新台幣 500 億元的紀錄。

透過併購不斷壯大 前進歐洲挑戰重重

創立於矽谷的貿聯，總部其實也設在美國加州，但共同創辦人梁華哲來自台灣，對故鄉懷有深厚情感，因此他在投入歐洲併購案時，透過引薦，選擇了台灣的國際通商作為夥伴，共同打開進軍歐洲之門。

「我們雖然之前也經歷過其他併購，但規模都沒有這兩次歐洲的案子這麼龐大，」談及 2017 年收購德國萊尼集團（LEONI）旗下電器線束事業部，以及 2022 年併購同屬萊尼集團的工業應用事業群，貿聯集團董事長梁華

哲笑著回顧。第二次歐洲併購發生在新冠疫期，其實連廠房都沒辦法親自到場參觀，光用手機直播看廠，就毅然決定出手。

第一次併購，由於標的公司面臨重組，因此與國際通商擬定談判策略，並飛到德國一整週，展開連續 3 天的談判，內容涉及 4 筆股權買賣、7 家公司，並由國際通商偕同包括德國、比利時、捷克、斯洛伐克、香港、上海的 Baker McKenzie 各地事務所與塞爾維亞等地的外部律師共同完成併購。

第二次併購案，規模更擴大到位於 10 個國家的 13 個標的公司，並且涉及複雜的事業群及公司分割與整併；因此在國際通商原有團隊的基礎上，更偕同了歐洲、北美及亞洲等 15 個國家的 Baker McKenzie 各地事務所，動員 Baker McKenzie 全球高達 213 位律師及外部律師與顧問，才終於完成併購交易。

第一次的歐洲併購，標的公司取了「鬱金香專案」（Project Tulip）作為行動代號，最終也恰好在春暖花開的鬱金香綻放時節完成交割。第二次併購時，標的公司取了「比爾格峰專案」（Project Birghorn）的名字，竟也如同瑞士層峰充滿挑戰，但團隊最終仍在新年過後，領略到登頂的喜悅。

合作默契佳 盡心為客戶維護最佳利益

對梁華哲來說，這一系列針對萊尼集團旗下事業群所進行的收購案，其實

是貿聯集團真正首度大規模、跨越多國的投標併購，之前所做的其他併購，只能算是小試身手。

「這系列併購案前後橫跨多國、多年，中間也需要克服很多關卡，包括盡職調查、競標、議約、交割等等，過程相當複雜。」賣方萊尼集團不僅是德國上市公司，同時也是百年企業，因此也很有自己的堅持，來自台灣的競標團隊首先需要建立默契，再共同突破層層關卡。

面對重重挑戰，梁華哲回顧起與國際通商兩位合夥律師谷湘玲與陳宜君的合作，讚賞有加，認為雙方在兩次併購案中建立了良好的默契與互動模式，溝通非常自然順暢，因此案件推動極富效率；最重要的是，兩位帶領的 Baker McKenzie 全球團隊，態度積極，並能適時、即時地提出商業投資的談判建議，維護客戶權益。過程中始終感受到律師們都全心全力促成併購交易成功。

「找到國際通商，就等於找到全世界的律師！」谷湘玲笑著回應，關鍵優勢應是在於 Baker McKenzie 在全球 74 個國家與地區設有事務所，合作網絡遍佈全世界，各事務所之間溝通流暢，因此可以讓台北的客戶輕鬆地在短時間內得到統整後的全球觀點，迅速確立方向，贏得先機。

這前後兩次併購都有不同的困難點需要突破，例如賣方在第二次併購時要求完成「併購保證及補償保險」（Warranties & Indemnities Insurance，簡稱 W&I Insurance）作為交割條件之一，需要與保險公司進行額外的協商。另外也要因應各國的外國投資審查、反壟斷審查、工會協商等種種要求，過程非常繁複。

第三章：合縱海外

議約不卑不亢 拿捏分寸有守有據

在此之前，貿聯已經併購過日本、美國等地公司，但是併購歐洲公司，還是第一遭，複雜度也向上再跳一級。

「這兩次併購都是投標案，因此我們與出售方的德國集團原本並無交集，難處就在於遊戲規則全由賣方訂定，想要得標必須各憑本事。」梁華哲回顧。

為了仔細研擬對策，梁華哲與總經理跟著律師與財務顧問，常常從早上9點到下午5點同坐在國際通商會議室內逐條分析、審閱股權交易合約，共同擬定談判策略。

後來貿聯總經理與國際通商團隊飛往法蘭克福議約，一開始氣氛更是肅殺非常。「3天的閉門會議，7位人高馬大的德國人，跟同樣也是7名的台灣代表團分兩邊排排坐。」代表貿聯的兩位律師直呼，要在這樣的氣氛下扭轉乾坤，真是極富挑戰性。

「我們雖然只是投標的買方，不確定最終是否能得標，但有客戶的支持與底氣，我們議約談判的過程仍能不卑不亢、有為有守。」谷湘玲表示：「一定要拿捏好與對方溝通的分寸。」而這3天就從一開始兩邊陣營壁壘分明，到第二天德國賣方慢慢接受了台灣買方的觀點。

兩位律師回顧，有很多因素會影響談判過程與結果，舉凡地點、主場優勢等都是變數。這兩次併購談判能夠順利談成，關鍵仍在於貿聯的決策鏈迅

速緊密，能快速吸收律師團隊及財務、稅務顧問的建議後，立刻拍板決定方向。另外，投標速度夠快，才不會落於人後。「有著時間壓力帶來的急迫感，常常會有措手不及的狀況，我們也要能靈活應對。」梁華哲回憶。

最終，貿聯以 5,000 萬歐元推動第一次併購，第二次則以約 4.51 億歐元現金收購 LEONI 集團旗下之工業應用事業群。成功的主因，就在於貿聯有能力、膽識，願意全力推動併購行動。

由於貿聯與其顧問團隊的傑出表現，其「比爾格峰專案」（Project Birghorn）一舉奪下台灣併購界的奧斯卡：2022 年度的「年度最具代表性併購獎」、「最佳影響力併購獎」及「最佳跨國併購獎」三項大獎。

兩次經歷投標的併購，最終都能得標並順利簽約、交割，實屬難能可貴。梁華哲坦言，公司內部也曾經一度以為會談不下去，但還是決定堅持到最後。比如在第一次併購案時，Dyson 一度成為雙方爭議焦點。貿聯希望能在併購後保持 Dyson 這個 LEONI 集團原有的重量級客戶，為其捲髮器、吹風機及吸塵器等明星產品供應電源線束，國際通商團隊即要求德國賣方將此列入合約，提供白紙黑字的明確保障，但德國賣方為此僵持不下，最後只能不斷持續溝通，爭取最佳條件。

為了併購案，國際通商團隊常常凌晨 3、4 點還在挑燈夜戰，而且為了因應歐洲時差，「我們內部其實分為早班跟夜班 24 小時待命。除了與同時區的台灣客戶同步外，也要即時回應德國賣方、處理歐洲及北美地區的問題，並要迅速指揮遍及全球的 Baker McKenzie 其他事務所團隊。」回憶起當時的艱辛疲累，陳宜君還是很高興達成了使命，「案子一定會有需要

克服的難關,能與客戶及各地律師一起完成專案,覺得十分榮幸。」

她除了指揮團隊與數百位合作律師緊密連繫,也負責與萊尼集團及 W&I 保險公司進行聲明與保證賠償範圍的磋商;甚至數十份上千頁的附件合約,也都與各國律師合作,堅持審閱修改品質,不厭其煩為貿聯的利益把關,交割後連萊尼集團的德國律師,也豎起大拇指稱讚。

專業備受肯定 成功為企業延伸綜效

「我會以『專業』來形容國際通商團隊這兩次的出色表現,彼此合作非常愉快。」梁華哲為國際通商打出評分。

谷湘玲的精準、沉穩,以及善於應變的反應力,加上陳宜君的細膩、縝密的執行力,協助貿聯在累積第一次歐洲併購經驗後,讓第二次的歐洲併購變得更為駕輕就熟。

由於第二次的併購規模跨度更龐大,包括六大事業單位,於 10 個國家擁有 13 個營運主體、20 個製造銷售據點以及 3,000 多名員工,營運足跡遍及全球,難度可比在寒冬攀登陡峭高峰,猶如其專案名稱「比爾格峰」一般。此外,第二次併購也有其他歐洲策略買家前來競爭,困難度更為加大。

儘管貿聯對德國賣方第二次出售的事業群很感興趣,但其實也有些猶豫。堅持下來之後,事實證明,第二次的歐洲併購案,成為集團轉骨的催化劑,

將公司經營層次帶往另一個高峰，並讓貿聯在歐洲能見度大增，成為打進歐洲市場的入口。

「原本我們工業領域的產品佔業績 10%，如今已上升到 30%，另外本來有比較多白色家電，以及機械、車用等產品，現在也拓展至醫療、自動化等領域，增加至五大事業體，對股價也有顯著的推升，」梁華哲指出，兩次歐洲併購對集團帶來如虎添翼的綜效。

「最重要的意義，是讓貿聯的產品線更多樣化，打開歐洲市場。尤其歐洲廠的技術成分含量很高，還可以強化整個產業鏈。」梁華哲形容，併購與整合的過程，儘管極為辛苦，但成果卻很甜美。

「德方向我們學到更明快的決策，台方則從德國學到了管理細節。」這些全球的拓展，成為企業成功打破國界，走向國際的例證，不僅展現了經營者的世界觀及膽識，也為永續發展整合更多資源，促成內部組織與管理架構的重整，一躍成為出色的併購典範。

第三章：合縱海外

梁華哲（中）表示：「陳宜君（左一）和谷湘玲（右一）兩位律師在兩次歐洲併購行動中傾力襄助，讓貿聯進軍海外的國際化佈局再上層樓。」

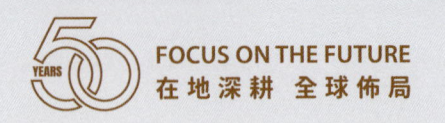

生技風起雲湧

臺灣生物醫藥製造公司（TBMC）躍上國際舞台

在企業與國際接軌的過程中，不只根基雄厚的電子、IT、半導體等產業擁有進軍海外的實力，新崛起的生技製藥，也成為台灣躍上國際舞台的要角。

台灣政府積極推動生技醫藥產業，透過「5+2 產業創新計畫」、「生技醫藥產業旗艦計畫」、「生技產業創新方案」等，提供生技醫藥業者資金補助、稅務減免、法規鬆綁。此外，南港生技園區、新竹生醫園區等產業聚落，為企業提供完整的研發與生產環境，促進技術創新和資源共享。

台灣擁有高水準的研發團隊，在生物製劑、精準醫療與細胞治療等領域具有競爭力，可在生物醫藥製造業成為全球供應鏈的重要環節。特別是在罕見疾病藥物（Orphan Drugs）和生物製劑的製造領域，台灣擁有與國際市場接軌的優勢，因此，台灣公司逐漸成為國際大藥廠的合作夥伴，例如執行委外生產（CDMO, Contract Development and Manufacturing Organization）和技術轉移，不僅提升技術實力，也增加國際市場的接觸點。

再者，台灣於數據分析與人工智慧（AI）應用於精準醫療領域中進展順利，深具競爭力。例如，基於基因組學和生物資訊技術的藥物設計，使製藥公司能針對個人化治療研發新型藥物，進一步提升市場價值。

而在生技醫藥企業國際化之時，其選擇的法律團隊必須兼具國際法律專業及生技醫藥專業，國際通商法律事務所便代表 2023 年成立的「臺灣生物醫藥製造公司」，與美國「國家韌力公司」簽署技術移轉與投資之策略結盟協議，切入全球「委託開發暨製造服務」市場，並在生物製藥市場的拓展上參考台積電的商業模式，成為下一波躍起的明日之星。

FOCUS ON THE FUTURE
在地深耕 全球佈局

由左至右為謝易哲、邱子綾、瞿志豪。

說起由經濟部規劃、工研院與生技中心共同籌組的「臺灣生物醫藥製造公司」（Taiwan Bio-Manufacturing Corporation，以下簡稱 TBMC），儘管運作時間不長，但已在台北生技園區設立製程開發實驗室，旗下

的 GMP 工廠也進駐竹北生醫園區，展現搶攻「委託開發暨製造服務」（Contract Development and Manufacturing Organization，以下簡稱為 CDMO）的強烈企圖心。

「新冠疫情讓全球更加體認到製造疫苗與發展生技能力的重要性，」TBMC 董事瞿志豪指出，「我們建立實驗室只花了 4 個月，速度堪稱全球最快，連設置製程開發的無塵室，時間也只有美國的八分之一，更是大陸的一半。」

看著 TBMC 從無到有的過程，推動新創產業已有 30 多年經驗的瞿志豪分析，「速度」絕對是勝出關鍵之一，像在國外要獲得 GMP 認證，少說也要 5、6 年，但台灣只要 2 年，同樣躋身全球最快，這跟「執行力」非常有關係。

在整個過程中，另外一個關鍵，就是參考台積電的成功模式，將之沿用在生物技術產業 CDMO 上。台積電當初在獲得飛利浦授權，並與之策略合作後開始起飛，因此這樣的模式早有成功前例可循。

鎖定台積電模式 找出利基市場

瞿志豪認為，TBMC 將參考台積電的成功模式，運用於生技醫藥領域，再發展出數位化且彈性生產的創新生物醫藥製造技術。

FOCUS ON THE FUTURE
在地深耕 全球佈局

「生物製藥的開發跟半導體的開發,兩者有很多相似之處,原理相通。」想發展這兩個產業,前端的研究勢在必行,而且投入這兩個領域,只要能做出製程開發,客戶就很難琵琶別抱。因此瞿志豪看好台灣生技人才的工作效率與素質,未來有十足的潛力。

不過,往昔台灣業者很難拿到美國的 CDMO 訂單,關鍵在於信任,而非價格。

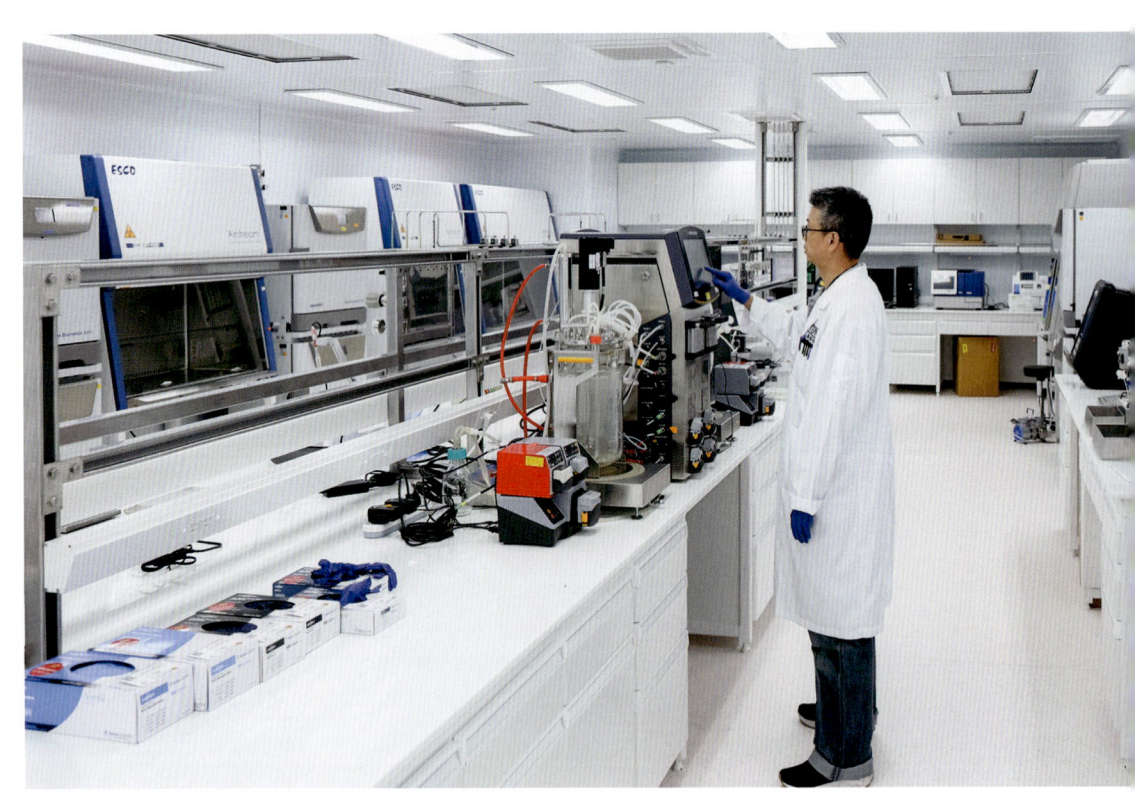

臺灣生物醫藥製造公司將參考台積電的成功模式,運用於生技醫藥領域,發展數位化且彈性生產的創新生物醫藥製造技術。

這個產業的特性就是，一旦受委託的製程開發成功，訂單就不可能轉到別家，因此非常適合長期永續經營。但是市場新進者初期的困難，就在於如何取得客戶信任，並累積出成績來。

由於缺乏過去的實戰成績，新進業者最好的策略就是借力使力，比方 TBMC 就和美國「國家韌力公司」（National Resilience）合作，藉由與知名品牌攜手，提高業界能見度與可信度。

再者，經營團隊也很重要，除了請到擁有數十年豐富經驗的創投專家瞿志豪，TBMC 更延攬國際級生物製藥開發權威楊育民擔任董事長，他不僅是國際大藥廠之中位階最高的亞裔經理人之一，亦是「國家韌力公司」副董事長，並擔任數家公司董事或科技顧問。

另外，還邀來曾以執行長身分任職藥明先進療法（WuXi Advanced Therapies），並在全球細胞治療先驅 Celgene 公司擔任副總裁的張幼翔接任執行長，也在客戶心中建立出專業形象。

「想要讓客戶能全心託付，若沒在生技製藥業累積幾十年的經驗，肯定做不到，」瞿志豪分析，董事長跟執行長成為 TBMC 金字招牌，這也是站穩第一步的關鍵。

接下來另一個重點，還有共同合作的夥伴。國際通商便協助 TBMC 與「國家韌力公司」談判及簽署技術移轉與投資策略結盟協議，聚焦生物製劑、疫苗、mRNA 核酸藥物、細胞治療與基因療法等五大領域。

「關鍵就在於，之前並沒有如此大規模的授權，這也成為全球首見的例子。」瞿志豪點出這系列授權的獨特之處。

深耕 20 年 兼具科學與法律長才

說起國際通商，很多人馬上會聯想到它在商業領域的深耕。「但是我們投入 Healthcare（醫療保健）與 Life Science（生命科學）領域，其實也有超過 20 年。」

負責本案的國際通商合夥律師邱子綾感性表示，「我覺得律師也是某種程度的造浪者，我們也在促進整個台灣產業的發展，因此在這個過程中，我自己也會有一些新的動力被激發出來。」

國際通商在負責 TBMC 授權案的獨特優勢，在於律師也能兼具科技產業與法律專業雙重背景。參與本案的律師團隊，除了謝易哲合夥律師特別擅長併購，對公司營運法令、競爭法、資本市場私募基金等領域，都有豐富經驗；而領導團隊處理本案的邱子綾，是台灣大學生化科學研究所碩士，轉攻法律後在 2003 年進入國際通商，一路見證 20 多年來事務所在醫藥產業領域的累積與成長。

「我在事務所的前 10 年主要參與公司併購等類型案件，之後聚焦醫藥生技產業。」邱子綾回顧，國際通商早在 20 多年前就已經以產業劃分路線，

讓律師深耕特定產業領域，法律服務內容也隨產業脈動不斷演化，生技便是其中很具代表性的一環。

邱子綾打了個比方，說明律師事務所在生技產業能扮演的角色。「就是你問我一個問題，我幫你想出 5 個你該處理的議題，這也是我們事務所對律師訓練要求的目標。」

在 TBMC 這個案子上，「客戶有生技製藥方面的專業，我們有協商議約的經驗，也有生技製藥基本的產業知識，兩者搭配就會變成很好的組合，因為他知道自己要什麼，我們則知道他可能遺漏什麼，相輔相成後就會讓協商議約變得順暢。」

「即便我們很常參與交易談判，但客戶之間的交易經驗可能有落差，」邱子綾指出，TBMC 的獨特性，就是雖然被歸為新創公司，但並非完全新手，很知道如何按部就班做起。尤其經營團隊都是夢幻組合，檯面上的經理人清一色都是國際級，天時、地利、人和，一樣樣順勢搭配起來。

「我們協助這個案子，還有一個時代意義，因為生技產業正在浪頭上，所以絕不能缺席，這代表國際通商一直努力跟著趨勢與需求在走。」

邱子綾表示，國際通商持續與不同產業攜手，這個例子就代表與時俱進的事務所精神。「如果你把它放在國際通商 50 年的發展脈絡來看，生技就是很新的產業，代表我們也奮力走在前端。」

瞄準市場缺口 強化競爭強項

為何 TBMC 會被寄予厚望，有可能打造出另一個台灣產業龍頭典範？要回答這個疑問，又得回到 CDMO 這個「委託開發暨製造服務」的商業模式。

「台灣生技業非常需要與國際接軌，而授權與合作是接軌的重要方式，你去拿技術回來，透過授權投放到更大的市場，取得更多資源，就會發揮得更好。」瞿志豪分析。

目前全球前三大 CDMO 的業者，分別是瑞士的 Lonza、中國的藥明康德，以及美國的 Catalent 等三大集團。TBMC 設定的競爭對象，主要是全世界前十大業者，不過也並非直接競爭，彼此定位有所區別。

「我們要進攻的市場，是 Under Served（未被滿足需求）的市場，」主導 TBMC 商業模式策略的瞿志豪分析，歐美大型藥廠其實不太願意投入研發源頭的生技製程開發。因此 TBMC 主攻這一段市場，其中有個很大利基，就是由於美中關係緊張，「去中化」的浪潮也逐漸打向生技製藥產業。

尤其美國 2024 年甫通過《生物安全法案》（BIOSECURE Act），便首度以國家安全為由，針對中國 5 家生技企業祭出禁令，這其中就包括全球前三大之一的藥明康德與藥明生物；若美國企業與這 5 家中國生技公司合作 CDMO，便將無法獲得聯邦補助。

藥明康德有一個特定的商業模式,就是美國接單、中國開發生產,全球前二十大藥廠幾乎都與藥明集團有合作或接觸,該公司光是 2023 年,就有 65%、約 37 億美元的營收來自美國。禁令一出,美國藥廠勢必停止與中國的 CDMO 合作,因此從瞿志豪的觀察看來,TBMC 很適合瞄準這類型市場缺口。

「簡單來講,我們想把美國接單、中國開發生產,轉變成美國接單、台灣開發。」光是美國這個市場就已經非常巨大,南韓、印度等競爭對手也想積極切入。

仔細觀察,藥明康德從 1997 年成立,其實不過 20 多年,就在短短時間躍身全世界第二大。「他們的生產製造成本、速度、品質,其實都很厲害,全世界其他生技業者很難跟他們比,所以這是 TBMC 現在最想搶攻的市場之一。」

「在這局競爭當中,我們速度夠快,台灣的敬業態度、工作效率,比起歐美其實高出非常多,所以藥明康德等公司留下來的市場空缺,無論歐洲或美國業者都沒有辦法遞補,只有台灣可以。」

在全球生技製藥領域的 CDMO 當中,同樣也佔有優越地位的南韓呢?瞿志豪也分析,雖然韓國三星生技製藥(Samsung Biologics)是亞洲 CDMO 的主要業者,但韓國喜歡拉大規模,投入生技研發也都以重資本衝刺產量。「他們不適合、也不喜歡做少量多樣,產業都在追逐量大,比方汽車、半導體都是如此,反觀台灣則是擅長量少質精,這就成為我們的競爭強項。」

國際化與專業能力 國際通商脫穎而出

所有成功的合作案，背後都少不了夥伴的相輔相成。談起與國際通商攜手的感想，瞿志豪真誠分享了以下的觀察與期許：

我跟邱子綾律師認識很久，對她的專業能力本來就很信任，謝易哲律師則是這次的案子才認識，不過也覺得他非常優秀。每一次我們有什麼問題需要處理，本來預想大概要幾天才會回覆，結果國際通商往往第二天就給我們回音，事情處理得很有效率。

我認為選擇律師事務所，除了律師個人的能力，也要看整體的國際經驗，尤其我們做跨國授權，一定要找到國際經驗比較豐富的事務所，就算沒有處理過 CDMO 等技轉授權合約，也要處理夠多類似概念的案子。

就我自己過去與律師合作的經驗，我們要倚靠的不只是個人，更是整個事務所的經驗；因為當你看過非常多的案子，大概就知道哪種案子，什麼地方容易出問題，也會清楚原先沒有想到、但日後會付很高代價之處，所以一定得仰賴經驗豐富的律師事務所協助。

從這個角度來看，國際通商在台灣，基本上就是不二選擇，所以我們一開始連遲疑都沒有，根本沒有考慮別的備案。

我們選擇法律事務所的重點，向來都是專業能力跟國際化，尤其像授權這種跨國商務合約，重點就是「防訟未然」，關鍵在於能否在一開始商議合

約,就針對各種狀況面面俱到,不是做一個草率的合約,留下一堆漏洞,日後引來後患無窮。

在這個部分,我覺得與國際通商合作得非常愉快,因為他們在律師的國際化程度、法律專業的掌握,以及各種商業知識的嫻熟,都不需要解釋太多,就知道我們想達成什麼樣的目標,應該防止什麼樣的狀況,我覺得這一點真的很棒。

尤其「防訟未然」,像我們內部的技轉授權合約訂定後,對方把他的技術轉移給我們,這個轉移的標的、方式、內容,在轉移過程中,關於雙方的權利跟義務究竟是如何,假使一開始沒好好釐清,等到彼此認知不一致,就有可能對簿公堂。

倘若發生這種狀況,對雙方來說,都將付出可觀成本。所以能事先防範各種可能出現的問題,這就非常重要,這方面特別需要倚靠律師的經驗。我們會看律所是不是在相關領域做過一些類似的案子;倘若沒有類似的經驗,是否也能很快從國際間調動資源,然後把它妥善運用到我們的技術轉移合約。

回顧這整個過程,我覺得國際通商給我的感覺是很棒的,台灣不太有其他事務所能夠馬上連結到遍佈全球的網絡,我覺得這點真的很重要。另外一個讓我印象深刻的,是他們的「速度」,因為這案子的時間很急迫,商討合約的過程一定是雙方一來一回,而通常在正式回覆對方前,也會先召開會議來討論這些東西,包括跟對方的攻防策略,哪一些東西可以放?哪一

些事情是必定要堅守立場等等，我覺得他們都有很棒的專業判斷，因此跟他們合作起來非常愉快。

說實在話，選擇律師其實就是借重他們的經驗，那個經驗是無價的，因為只要犯一個錯，日後付出的代價，往往會乘以幾百倍以上。尤其，與授權相關的案子很需要靜下來思考，因為它通常很複雜，而且授權時間都很長，律師要能看到日後還有一些變數的可能。

再來，我也看到律師另一個關鍵價值，就是當協商卡關時，如果擁有足夠的經驗，就能建議出各家都願意接受的解決方案，因為通常商業談判不是一個零和遊戲，你知道每個人的限制後，再來就是找出比較有創意的方法，讓大家滿足自己的條件。

律師參與夠多的談判，在協商這部分的能力一定比我們好，讓談判過程變得比較順暢。我自己很喜歡與國際通商合作的經驗，大家都很專業，合作效率也非常好，不用花時間解釋不必要的背景，或將時間花在不必要的討論上，每一次互動都非常到位。

未來我們會有更多的客戶，也會有更多合作議約。尤其我們的合作模式很可能不會只是單純的架構，而是非常具彈性、甚至突破傳統的模式。

比方我們與對方的合作，除了由對方付費、我們來提供生物技術開發服務，也很可能衍生出一些更有創意的方案，像是協助客戶分攤製程開發的風險，客戶只要先付我們一部分費用，等到成功之後再補後半段的費用。

甚至我們也不一定要完全倚靠收取開發費用，也可能是在協助對方開發新藥成功後，再讓我們去分享權利金。諸如此類的協商，會更需要倚賴律師處理合約的智慧，所以我相信未來還會有更多攜手的契機，甚至更進一步來看，應該會做到更大規模的合作案。

當我們做到全球的規模時，很可能到達某個時間點，就會有跨國併購產生，所以日後律師團隊在生技製藥領域還有很多大展身手的機會，我們也期待日後與國際通商能有更深的密切合作。

第四章：智財維權

從海盜王國到關鍵科技島
―台灣智財保護的發展

（本文內容由邵瓊慧律師提供）

台灣早期經濟發展，注重在製造、貿易與代工模式，保護設計與創新的智慧財產權相對較不受到重視，相關法制也較不健全。

但智慧財產權是現代經濟體系的核心資產之一，其涵蓋專利、商標、著作權、營業秘密等範疇。在全球化及知識經濟驅動的背景下，智慧財產權不僅是企業創新競爭的基石，更是推動台灣各行各業升級轉型、創造高附加價值的重要因素。

同時，智慧財產權也是風險管理工具，幫助企業避免侵權訴訟。在全球市場競爭中，侵權訴訟可能導致鉅額損失。企業須積極檢索並管理智慧財產權，以確保產品及服務的合法性，減少潛在爭議。

自從高科技躍身為台灣產業主力以來，社會各界對智財的關注越來越高。在這觀念建立、法規修訂，乃至實務案例累積的過程中，國際通商法律事務所基於專業知識與最先進的國際經驗，對台灣智慧財產法制的建立、智慧財產權觀念的倡議，乃至透過諸多領導性案例而促進台灣智慧財產權保護水準的提升，發揮了深遠的影響力。

台灣智慧財產環境與修法，從 70 年代迄今，經歷許多轉變，國際通商在此過程參與不少與智財權相關的代表性案件。此外，也協助科技廠商進行技術移轉、授權、併購等商業活動，在相關領域累積了深厚經驗。

「盜版者的避風港」變身「創新研發的聖地」

回溯台灣整體智財環境的發展，1980 年代台灣經濟快速起飛，當時與所有開發中國家一樣，台灣要趕上已開發國家，必須透過「學習」，而最快的途徑就是「模仿」，但這是落後者的必經之路，透過「仿冒」或「文化輸入」，才能快速趕上已開發國家。

當時國際通商除了協助外商投資台灣，也為這些外商在台灣申請商標及專利等智慧財產權。無奈的是，相關法規並不完備，導致仿冒商品、盜版書籍、盜版錄影帶等充斥市面，抓不勝抓，使台灣蒙受「海盜王國」惡名。當時國際通商的智慧財產權業務也因此以商標申請、反仿冒、打擊侵權為主。

尤其 1980 年代美國貿易逆差驟升，當時主政的雷根政府認為，外國對智財權保護不周，特別成為逆差升高的主因，因此於每年四月底依據貿易障礙調查的結果公佈「特別 301 名單」，上榜者若不加強保護智財權，將遭到美方貿易報復。

自從1989年開始公佈「特別301名單」以來，台灣經常名列「優先觀察」、「優先觀察立即行動」項目內，對於倚賴進出口貿易的台灣來說，壓力極大，因此不得不因應美方要求逐步修法，祭出嚴抓仿冒名牌及盜版光碟、設置出口商標監視系統、出口軟體監視系統等措施。

隨著全球化貿易的趨勢加深，台灣於2002年1月1日正式加入「世界貿易組織」（World Trade Organization），並承諾遵守《與貿易有關之智慧財產權協定》（Agreement on Trade-Related Intellectual Property Rights），盡到智慧財產權保護之國際義務。

因此，商標、專利、著作權等法條均經歷大修，以符合國際規範，且將保護範圍擴及至「世界貿易組織」會員國成員，推動台灣在智慧財產權之法規與執法機制邁向新紀元。

隨後並於2008年成立專業「智慧財產法院」（2021年改制為「智慧財產與商業法院」）、修訂著作權法及改善智財權執法，在這些種種努力之下，美方終於在2009年將台灣自「特別301名單」除名，並特別讚許台灣已從「盜版者的避風港」，蛻變成「創新研發的聖地」。

與時俱進 領先提供智財權領域周密服務

國際通商之所以能在智財權領域取得領先地位，主要是因為Baker McKenzie於全球擁有高達74個事務所網絡，能夠無縫接軌提供商標、專利申請及維護等最周全專業的一站式全球服務。

FOCUS ON THE FUTURE
在地深耕 全球佈局

由左至右為楊永輝（經理）、張金枝（經理）、施汝憬、邵瓊慧、趙國璇、馮達發。

目前領導國際通商智財團隊的邵瓊慧資深合夥律師說：「這是我學成歸國之後，決定加入國際通商，發展智慧財產權業務的原因。我當時一方面教學介紹美國最新的智慧財產理論，也學以致用，將其運用於台灣法院實務，創下諸多台灣指標性案例。比如代表美商禮來大藥廠對學名藥廠商進行證據保全，取得專利侵權之定暫時狀態處分及勝訴判決，及時防止侵權

產品上市；代表權利人對 P2P 音樂平台 KURO 提起著作權侵害之告訴，取得有罪判決，使數位音樂使用者付費機制逐漸落實，更長期代理影視產業針對法規之研修倡議提供意見。」

目前國際通商的智慧財產權團隊中，邵瓊慧及馮達發合夥律師均具備律師及專利師雙資格，帶領所內專利團隊協助國內外企業進行專利佈局及維權訴訟，保護客戶之創新研發成果。

例如，他們曾代表國際矚目的飛利浦 CD-R 光碟片專利強制授權案，成功將智慧財產局核發的強制授權處分撤銷，促成專利法之修正以釐清爭議。此外，也為台灣的健亞生技針對濫用專利權之日商公司，提起違反公平交易法之訴訟，成功於智慧財產法院獲判全勝，為客戶取得新台幣 5,000 萬元之全額賠償，該案例並於 2012 年獲選為「年度智財最佳案例」。

而隨著中國於 2002 年 1 月 1 日加入「世界貿易組織」，搭上全球化的浪潮，向全世界開放市場，台灣廠商、人才、技術均大量西進。中國本土的紅色供應鏈逐漸崛起後，中國科技業更積極發展本土產業技術，致使台灣廠商開始遭受中國廠商有計畫的挖角與竊取營業秘密等打擊。

因此台灣於 2013 年修正《營業秘密法》，導入刑事責任，對於意圖在外國、大陸地區、香港及澳門觸法者加重處罰，力求嚇阻台灣廠商之營業秘密外洩，避免喪失企業競爭力。

在此背景下，國際通商承辦深受矚目的重大營業秘密侵權案件，例如，由陳玲玉與邵瓊慧主辦的台積電經典案例，經智慧財產法院裁定禁止前員工

至競爭者處任職，國際通商也因此成為辦理營業秘密案件的領頭羊，代表許多科技廠商及藥廠，防止員工洩密或至競爭者處任職。

近年來因中美貿易戰加劇，台灣半導體產業身處地緣政治風暴，關鍵技術不僅攸關產業競爭力，更成為國家安全議題。因此台灣也於 2022 年修正國家安全法，加強保護及管制國家核心關鍵技術，並配合修正智慧財產案件審理法，希望進一步維護廠商的權益。

除了協助科技與製藥產業之外，邵瓊慧也與趙國璇合夥律師帶領商標團隊致力於協助國際精品品牌進行維權，包括代表法商路易威登集團對翻玩仿襲 LV 著名商標之多家廠商提出告訴，成功由智慧財產法院判定仿襲者侵權，並確立台灣商標法對諧謔仿作是否構成合理使用之判斷標準，使台灣對著名商標之保護，超越國際水準。

而因應貿易全球化的趨勢，Baker McKenzie 早已推出自行開發管理的商標系統，為知名品牌客戶管理全球超過 65 萬筆商標資料。隨著科技及 AI 的發展，Baker McKenzie 更積極開發自動化的智財管理工具與科技解決方案，不斷為客戶提供最值得信賴的高效服務，以因應下一個世代的智財挑戰。

自 2022 年起全球掀起 AI 浪潮，在致力於 AI 產業化與產業 AI 化的同時，AI 的監管、AI 的開發及應用所涉及的智慧財產權與個資保護等議題，也深受各界關注。國際通商智財與科技法律部門由邵瓊慧與兩位合夥律師施汝憬、謝易哲等，共同致力於個資與 AI 等科技法律新興議題，將持續在 AI 時代為台灣百工百業的發展，提供最全面且前瞻的科技與智財相關服務。

第四章：智財維權

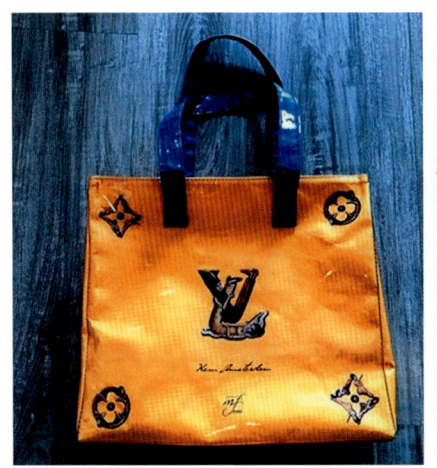

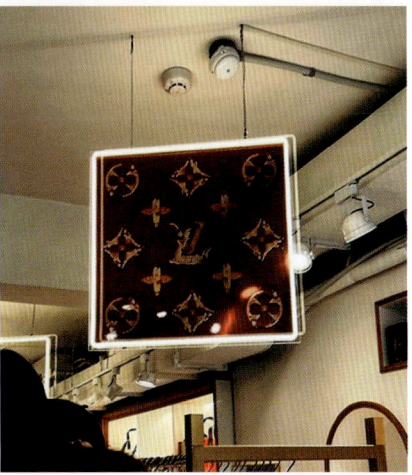

邵瓊慧代表法商路易威登集團對翻玩仿襲 LV 著名商標之多家廠商提出告訴，並成功由智慧財產法院判定仿襲者侵權（圖片來源：司法院判決書）。

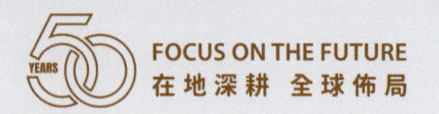

50 YEARS FOCUS ON THE FUTURE
在地深耕 全球佈局

堅持智財維權

核心智財是永續經營的根基

台灣是科技之島，智慧財產權訴訟的整體發展雖已有一定基礎，相關案件的數量逐年增加，但與歐美國家相比，訴訟強度及影響力仍有差距。

一方面，企業對訴訟的重視程度有限，特別是中小企業普遍對智慧財產權的保護意識不足，更多選擇「私了」解決爭端；另一方面，侵權的賠償額普遍偏低，難以有效抑制侵權行為，降低了權利人訴訟的誘因。例如，在專利或商標侵權案件中，賠償金額通常不足以彌補企業的研發損失或品牌損害。

另一方面，智慧財產權案件的技術與法律專業性高，所幸台灣目前已有專責處理智慧財產權案件的「智慧財產及商業法院」，並採用技術審查官協助審理，但專業背景及對技術性議題的掌握能力仍有待提升，畢竟，與歐美國家專門法庭法官擁有科學或工程背景的配置相比，台灣尚需進一步強化對法官的專業培訓，並擴充技術專家庫以支援案件審理。

於全球各地智財訴訟不斷增加的趨勢下，國際通商因擁有國際團隊，累積了智財攻防的許多經驗，包括技術內涵最高的專利訴訟，而能因應美國的專利無效審查機制、歐洲自 2023 年成立的「歐洲單一專利法院」等。

尤其，眾所周知，中國已成為全球專利訴訟的熱點（包括電動車、新能源、半導體與人工智慧等領域），法院加大了對專利權人的保護力度，將懲罰性賠償從 3 倍提高至 5 倍，部分案件賠償金額甚至超過 1 億元人民幣。例如中國中科院微電子所提告英特爾案等，即顯示中國企業與外資企業之間的專利競爭日趨激烈。

因此，國際通商在國內外（包括中國）的實戰經驗，可以協助客戶作好智財佈局與法律風險管理，以確保市場競爭優勢，避免智財訴訟帶來的法律風險與財務損失。

馬靜如、黃麗蓉、許修豪（由左至右）回憶起 M 案，認為它是目前台灣著作權案件中技術含量最高的案件之一，對國際通商智財訴訟的發展有著特殊意義。

回顧整個案子，我們必須要穿越時光，回到 1993 年。

當時，全球領先之 Microcontrollers 製造商（以下稱 M 公司），對台灣某半導體公司提出微碼（Microcode）侵權訴訟，並將重點放在台灣法律是否保障微碼設計的智財權。在國際通商團隊鍥而不捨的主張下，不僅為 M 公司爭取應有的保障權益，也達到了倡議目的。

M 公司內部法務部門指出，這不只在台灣是深具里程碑意義的訴訟案例，也是繼 NEC 與 Intel 在美國的訴訟案之後，全世界第二宗聚焦微碼爭議的指標案件。

後來台灣法庭判決，微碼在電腦程式的定義框架下，應該受到台灣著作權法的保護，M 公司也因此在接下來的十數年內據此維護自己的智慧財產權。為了更周全保障其智財權，國際通商也數次在公聽會上倡議立法保障半導體業者的電路設計法案，後來終於在 1995 年促成了相關法案的頒佈，也幫助 M 公司與侵權業者達成和解。

對壘中國第一品牌 縝密佈局策略

2006 年，則是又發動了另一次重要的智財權訴訟，M 公司認為號稱「中國第一品牌」的業者涉嫌抄襲 M 公司的微碼設計，連 M 公司的使用手冊都抄襲，每抄一節就申請一個專利，「客戶的使用手冊 200 多頁，所以對方抄襲後申請了共 234 件專利，包括圖案也沒放過，連晶片的錯誤、或有些尚未做到完美的晶片，甚至使用手冊內的錯字，都全部被抄襲，很明顯可以看出抄襲的惡意，而且已獲准註冊 30 多項中國專利。對 M 公司而言，它剽竊我的微碼設計，還連說明書都拿去申請專利，怎能不讓人氣憤。」當時帶領訴訟團隊的現任國際通商主持律師馬靜如表示。

為了保障產品在中國的智財權，M 公司決定針對「中國第一品牌」等公司

採取法律行動。國際通商繼續擔綱相關訴訟法律顧問重任，但認為，M 公司如果只以著作權在中國採取法律行動，具有一定之風險。因為，儘管 M 公司認為「中國第一品牌」抄襲其技術，並因此取得 30 多項中國專利，但「中國第一品牌」也可能辯稱，是 M 公司的產品侵犯了他們的專利。

如此，M 公司可能遇到的困境是，假如以侵犯著作權的角度採取法律行動，「中國第一品牌」可能會在中國申請訴前禁令反擊，就有可能阻擋 M 公司在中國進口並銷售產品，進而拖累品牌在中國的發展。因此，最佳策略是針對「中國第一品牌」在中國的專利，採取一切可主張其無效之行動。

第一步行動，就是在台灣與中國同步保全證據，在國際通商縝密地串聯之下，兩岸不同司法體系共同行動，並與中國的訴訟事務所合作，同步於兩岸法院提出申告。

在緊急繁雜卻仍步步為營的協調下，兩岸的法院都裁決於 2007 年 7 月 4 日當天同步執行證據保全行動，因此從對造公司的辦公室有效取得證據並加以保全。國際通商隨後帶領律師團在中國與台灣提出訴訟，包括偕同另外一家中國律所提出專利無效申請，隨後也跟進了在中國展開的民事訴訟與主張專利無效之訴訟。

如同最早預料，「中國第一品牌」果真對 M 公司提起了訴訟，主張侵犯該公司專利，並針對 M 公司提出訴前禁令。所幸後來 M 公司在台灣贏得民事侵權訴訟，在中國的專利無效訴訟也大部分取得勝利。而「中國第一品牌」所提出的訴訟與臨時禁制令也被駁回。最重要的是，M 公司因為採

取的策略成功，在這段訴訟期間的中國業務才未受到影響，反而取得了可觀的增長。

深耕智財超過 30 年

回顧 20 年來此案的發展，馬靜如表示：

很多人誤以為，國際通商於智財法方面只做商標案件，其實我們是以商標業務起家，但深耕智財的範圍極廣，包括各種智財之維權及訴訟，都是本所的重要業務，為許多國內外高科技產業客戶處理 IP 相關議題。當年 M 公司來台面試律師處理其訴訟案件時，其 CEO、CTO、CLO「三方會審」討論後，非常欣賞我們建議的訴訟策略是用非科技人的觀點去重新檢驗兩造一切證物及技術人員之證詞，而由本所的專利工程師、律師，與公司之科技及法律團隊共同討論後，才決定如何向台灣的檢察官及法官說明，換言之，就所有攻擊防禦，都要由科技及法律的團隊成員共同討論達成一致意見後，才能作為呈庭書狀及證據，後來甚至就法庭上的證人證詞，都是由我親自現場口譯以確保無誤。

當時協助處理 M 公司案件的律師團隊（黃麗蓉、馮達發、許修豪）及專利經理單寶荃，均是如此兢兢業業地擔任科技人與法律人的橋梁。目前，黃麗蓉已是帶領所內訴訟部門的資深合夥律師，而兩位合夥律師馮達發、許修豪亦是身經千百戰役的訴訟王牌。當然，因為 Baker McKenzie 的全

球據點分佈在 74 個國家，商標登記一向是本所的強項，例如麥當勞早期以美商身分進入台灣市場時，商標也都委由國際通商負責登記，所以本所仍然在商標方面代表各行各業。

馮達發特別提到，因為微碼對當代科技來講非常重要，美國法學院的教授甚至把微碼發展收入法學著作之中，所以在一本 1991 年出版的書籍中，就把未來科技涉及微碼的領域列入特別範疇，其中也提到 M 公司的案例。馬靜如也表示，「台大有篇論文，探討台灣半導體 IC 設計，也把這個案子放進去，可見其重要性。」

兩岸同步保全證據 創下空前歷史

特別值得一提的是，當時兩岸關係處於平和時期，所以得以在台灣跟上海同時進行證據保全行動，由國際通商協調兩岸的法院，同步在 7 月 4 日美國國慶日展開行動，是極其特別的首件案例。

這樣一系列的案子，包括數十件專利舉發、兩岸的民事訴訟，及同步進行證據保全，處理時必須具備極高敏感度與謹慎。並且，此案還有另外一層意義，就是，當時行動雖然都是為了服務客戶，但也因此把難度極高的智財訴訟帶進了中國。

「我們到了大陸，就是幫忙尋找當地的律師合作，包括在北京、上海等地。當客戶委託本所承辦案子，我們不是所有事情一肩背，而是依照客戶的需

求,去安排最好的律師組合。」馬靜如特別指出她執業的重點:客戶的最佳利益,一定是我們最優先的考量。

「從台灣到中國,20年的訴訟歷程中,我覺得我們自己一邊在做,也一邊在思考,台灣的訴訟可以怎樣避免過度冗長,例如台灣後來推動速審法及任何相關的司法改革,本所都樂於加入倡議,希望盡量縮短司法訴訟程序。」馬靜如也提出,在為客戶維權之外,身為法律人更該時時反思如何在司法領域為社會發揮更大的影響力。

維權至關重要 微碼寫入法律案例

很多人可能會有疑問,為什麼這些侵權訴訟對M公司如此重要?為什麼要堅持長達20年?如果沒有堅守智財權,企業會有什麼損失?

幾位參與該系列案件的國際通商律師紛紛認同,這些訴訟之所以對M公司很重要,不只是因為維繫了M公司總部的智財,也關乎其在全世界(包括台灣)數十年的市場地位,他們不惜代價必定堅持維護公司智財的意志,是所有員工的核心價值。其實,約在台灣提告此案之20多年前,美國就已經有了NEC跟Intel的判例,確立微碼可用著作權加以保護,但美國的判例未必會受其他國家司法的認可,如果抱著美國的有利判決就掉以輕心,本案絕無可能順利落幕。

「客戶雖然堅決一定要告，但其實他們沒有要向對方要求什麼賠償，只是不能容許著作權被侵犯。」如果對造早點認錯，可能就不會纏訟 20 年；如果 M 公司不是以永續經營的角度去維護它的智財，也不會有毅力持續 20 年的訴訟行動。馬靜如說：「這個案子其實也可以是所有台灣企業最好的啟示，必須要認清尊重智慧財產的重要，而若必須訴訟，過程中如能協商和解，就好好與律師討論如何與對造達到雙贏，而非不願認清事實，越打『官司』越生氣，成了意氣之爭。」

珍視智慧財產 體現企業真正價值

回溯這 20 年的案件發展，馬靜如也特別分享了令她格外印象深刻的觀察：

訴訟過程中，律師並非只在滿足客戶的需求，也要讓客戶了解，必須耐心地跟律師坐下來討論策略。大部分客戶來找我們打官司，第一個問題常是問需要多少律師費？贏了可以拿多少錢？輸了賠多少錢？

但是 M 公司給我留下很深印象的是，他們第一次來國際通商面試我們團隊，諮詢過程中，從來沒有問過打贏了可以拿到多少錢。這體現了一家公司所重視的價值是什麼，他們強調的是：任何人不可侵害我們的智財權；只要對方停止侵權就不會提告。

還有一個很有意思的插曲，在與「中國第一品牌」爭訟的時候，一開始我問 M 公司的技術長兼法務長，知不知道那是「中國第一品牌」？他一直

沒會過意來，等到第一天踏入中國，在機場看到北京奧運的強力宣傳，見識到所有贊助廠商都有這家「中國第一品牌」，他才知道情況真是不妙。

因為他打開電視，連主播台上都打出這個贊助品牌，北京奧運的最大贊助商。但即便是這樣，他也沒有退卻，從未要求我們趕快打一打、或是趕快跟對方和解，他清楚表達：只要對方停止侵權，就和解，如對方繼續侵權，就絕對不和解，這就是一家公司對永續經營的堅持。它追求的是永續，而且它的核心智財就是它永續的重要根基之一。

當時 M 公司的主管告訴本所兩個訴求重點，第一，微碼是公司的核心產品、企業的核心價值，所以非常重要，絕不妥協。第二，公司當時急於進入這個市場，只要我們為公司堅持住訴訟 5 年，就會將智財權佈局全部完成。

很多客戶會在看到訴訟費用時卻步，因為不少企業從未想過會有「打官司」的必要。但是國際通商認為，客戶如果精算訴訟成本，對比它的市場地位、營收價值，就會知道在維護智財權這方面，訴訟上的必要付出是絕對值得的。

當然，訴訟通常非常繁複冗長，在本案過程中最困難處，是如何以法律與技術的合作，將融會貫通的知識轉換給法官。那時候還沒有智慧財產法院，法官很難了解晶片設計背後所代表的智慧財產概念，所以我們光是第一審就打了 7 年，更換了 4 位法官，前三位一直沒有作出判決，因為對於困難的技術性內容，法官也必須要先學習、了解，才能作出裁判。

此案對國際通商智財訴訟方面的發展有著特殊的意義，它是目前為止台灣著作權案件當中，全案技術含量最高的案件之一。在近 20 年的過程中，

就每個重要策略步驟，法律、科技之內、外團隊討論辯證無數次，本所團隊真的可謂夙夜匪懈。甚至有一次激辯中，我笑問團隊們：難道爭辯是要爭取獲得諾貝爾獎嗎？我們必須化繁為簡地讓客戶了解如何採取實際行動及其利弊得失，而不是解讀法條而已。

我們對客戶的價值不是危言聳聽、更非報喜不報憂。以在大陸進行的訴訟來說，其主要的風險在於對方可能申請「訴前禁令」，因為根據中國大陸法律規定，對方既然是專利權人，就可能申請法院裁定而在 48 小時拿到「訴前禁令」，隨即就可以禁止 M 公司在全中國市場販售這些涉嫌侵害其專利的商品。

所以本所律師忠實地告訴客戶可能受到「訴前禁令」的危機，緊接著，照例經過激烈討論後，我們提出非常大膽的「先發制人」策略，就是早一步對「中國第一品牌」提告，控告對方違反著作權。如此，當嗣後對方要依據其專利權而申請「訴前禁令」時，法院就會考量其既然已經成了「被告」，怎麼還來申請禁止「原告」銷售產品呢！

就是這樣不斷地積極與客戶充分溝通，待決定了訴訟方向，團隊們更沒有猶豫不決的餘地，即使做得再辛苦，但我們在此案腦力激盪所產生的能量，贏得客戶對我們的敬重及信賴，真的是終生難忘。

在這些案子中，可以一再看到我們如何以客戶利益為優先考量、為了客戶的利益而絞盡腦汁發揮不一樣的創意。例如，黃麗蓉律師回想，當時為了用最淺顯易懂的方式去解釋微碼設計的關鍵性，國際通商成為在法院使用電腦做簡報的第一個律師團，當時我們揹著電腦、布幕、投影機去法院做簡報，這在如今看起來可能稀鬆平常，但在當時可是引人側目，但我們不

自限於當時的開庭慣例，只想以最清晰易懂的方式讓法官了解微碼為什麼對我們的客戶那麼重要，我們的奮戰精神真的很感人，就是永不放棄，一直懷抱著想盡各種辦法為客戶嘗試的精神。

我們堅持在幫客戶尋找的，就是最好的 solution（解方），這就是一個好的律師和普通律師的最大差別。

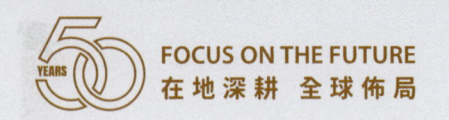

為台積電訴訟轉敗為勝

立下營業秘密案例之經典

不能說的秘密，往往暗藏著企業最在意的競爭優勢。

我國營業秘密之保護，起源於1992年方施行之《公平交易法》第19條，概括性地規定，事業不得「以脅迫、利誘或其他不正當方法，獲取他事業之產銷機密、交易相對人資料或其他有關技術秘密之行為」。

直到1996年，方有《營業秘密法》之專法，但仍有許多意見並不確認「營業秘密權」之存在。2013年修正增訂侵害營業秘密之刑責，明確將侵害營業秘密之行為，依領域內或領域外使用之目的，科以罪責，領域外使用之侵害並為非告訴乃論之罪。

這樣的趨勢，實因營業秘密之保護為任何企業均需重視的議題，否則，可能因人員跳槽而遭有機密外洩或移轉之風險，就連「護國神山」也很難置身事外。

台積電2015年贏得台灣司法史上首件「依營業秘密法禁止離職高階主管任職國外公司」的案例，受到社會各界高度關注。

國際通商法律事務所不僅代表台積電針對該案提出定暫時狀態處分與訴訟，且在屢戰屢敗的艱困挑戰中，依然持續為企業維護營業秘密而奮戰，最終不僅轉敗為勝，經最高法院判決勝訴定讞，還被選為法院之參考案例。在該案的洗禮之後，也催生出「台灣營業秘密保護促進協會」對營業秘密的倡議、教育與觀念宣導，延伸出更寬廣的社會影響力。

50 YEARS FOCUS ON THE FUTURE
在地深耕 全球佈局

回顧 2011 年 8 月提起以《營業秘密法》禁止離職高管任職國外公司案，台積電資深副總經理暨法務長方淑華表示，起因在於台積電有「為期 2 年的競業禁止條款」與「無限期保密協定」的離職約定書。當時發現高階研發主管 Mr. L 於離職後任職於競爭對手，於是開始循線追查。

台積電之所以認為：Mr. L 任職競爭對手茲事體大，不只因為他是高階研發主管、在台積電任職時間非常長、參與每一代製程開發、接觸到各種機

由左至右為陳玲玉、方淑華，當年為維護台積電「營業秘密」而共同奮戰。

密資訊；而且，更嚴重的是，他在競爭公司的職務，與在台積電完全相同，都是大型積體電路（Large Scale Intergration，俗稱 LSI）部門的副總裁。

後來台積電從各種不同管道確認，Mr. L 在離開台積電之後，於競業禁止的兩年期間內，就以間接方式為競爭公司工作。兩年的競業禁止期間滿後，Mr. L 就正式進入競爭公司擔任高階主管。

方淑華強調：「台積電一向尊重業界的公平競爭及他人智慧財產權，但也時時注意自身的營業秘密是否被洩漏。」

訴訟不只看重結果 更在意傳達訊息

經過了 13 年，回頭看這件事，方淑華認為特別值得大眾深思的是：訴訟本身隱含著台積電到底要傳達什麼樣的「訊息」給員工跟外界？方淑華指出：

當我們採取法律行動的時候，大家就知道台積電非常重視保護自己的智慧財產權。但台積電並非控告 Mr. L「已經」洩漏了營業秘密，而是要求他遵守競業禁止的條款，在離職後兩年內不得加入競爭對手，以防止他洩漏及使用台積電的營業秘密。

後來我們在檢視證據時，證明 Mr. L 在那兩年禁業期間內就已經違反了競業禁止條款。如果 Mr. L 會違反這個條款，我們如何相信他不會洩漏台積電的營業秘密？

台積電嚴選律師

那時候,台積電內部經過反覆的討論,最後才決定,應該對 Mr. L 採取法律行動。一旦確定出手,我們當然希望每個環節都做到最好,因此選擇哪一家律師事務所?邀請什麼樣的律師來協助?成為台積電考慮的重點。

最重要的是,我們想請到一位能夠代表我們、也具有影響力的律師,於是就選擇了國際通商跟陳玲玉律師。

當年,台積電的美國籍法務長 Mr. Thurston 及法務處長方淑華於 2011 年 7 月底拜訪了相識多年的老戰友:國際通商的陳玲玉律師。他倆也提出「不可避免的揭露原則」(The Inevitable Disclosure Doctrine)及美國相關案例,並且說明:「人的記憶不可能分割。因此,當離職員工到新公司上班,卻從事與前雇主相同的技術工作時,即使該員工有意克制自己而不使用前雇主的營業秘密,也辦不到」。

這種法律新思維,的確是「一個非常珍貴且值得在台灣提倡的法律見解」;又因念及台積電的權益亟需保護、《營業秘密法》有待法院以判決實施,陳玲玉因此決定承接此一重大案件。

律師面對的困難:何謂「營業秘密」?

陳玲玉解釋,很重要的一點是,我們不確定當時法院是否理解「營業秘

密」的真正內涵，因為營業秘密不能具體呈現，一旦揭露就不再是秘密了。因此必須想出一個解釋營業秘密的方法，幫助法官可以了解案件的本質。她分析：

有些營業上的秘密，例如工業上的製程、製造食品的配方等等，都可以申請專利以獲得保護。但是，不能申請的智慧財產也很重要，例如台積電製程研發中有很多 try and error，可能測試了 1,000 次，999 次都失敗，只有一次成功，才成為可用的技術。

「錯誤的 999 次，都是營業秘密」。因為競爭對手如果取得如何錯誤的機密，就可以避免錯誤、提升良率、提早掌握商機，而成為自己的競爭對手。

方淑華也回顧：

讓法官知道什麼叫作「營業秘密」，這件事其實並不容易。專利、商標、著作權，比較具體，法官也比較容易就此作出判決。但是關於營業秘密，一旦公開或是洩露，就喪失作為營業秘密的關鍵重要性。這使得我們在法院提出證據時很小心。

方淑華進一步說明：

「秘密」聽起來很抽象，其實也不見得。營業秘密就像廚師炒菜，同樣的材料，為什麼這個廚師就是炒得比較好吃？原因可能在於火候不同，或調味不一樣，都會影響結果。營業秘密就像一種訣竅，也像是大家口中常說的「眉角」。

營業秘密暗藏眉角 不能說的秘密最珍貴

方淑華解釋：

台積電一年產出的發明，動輒好幾十萬件。員工愈來愈多，廠區愈來愈大，研發數量也一直暴增。但是台積電產出的發明，頂多只有 10% 申請專利，其他就以營業秘密方式保護，因為一旦申請專利，就須公開重要的內容，別人就可以看到。至於營業秘密，一旦公開出來就沒有價值了，所以就不能講，只能內部進行保護。

就像剛剛我講的「眉角（訣竅）」。廚師可以跟你分享用了哪些調味，放了哪些材料，但他不一定會跟你說「手法的拿捏」。

陳玲玉也補充說：

產製「可口可樂」、「蘋果西打」的公司，都不可能公佈他們的配方，因為配方一旦公開，神奇的口味就不再是秘密了！

先發制人 對 Mr. L 申請假處分

在與台積電針對訴訟的主要策略達成共識之後，陳玲玉迅速地代理台積電向智慧財產法院聲請對 Mr. L 進行「定暫時狀態處分（假處分）」。

由於事涉兩大國際級晶圓半導體公司的營業秘密爭奪戰，智財法院就「假

處分案」開庭審理的第二天,《工商時報》特別報導此案,描述雙方各率大隊人馬對峙。當時台積電罕見地由美籍法務長及方淑華處長親自率領 2 位律師及 1 位研發經理出庭,而 10 年來不須穿律師袍上法庭的陳玲玉也御駕親征,帶領邵瓊慧資深合夥律師及鍾薰嫻合夥律師上場。

假處分及第一審 初嘗敗績

智財法院於 2012 年 3 月針對「假處分」作出裁定,准許台積電的部分請求。但法院認為證據不足,故未准許台積電最在意的請求——「禁止 Mr. L 任職競爭公司」。

既然假處分聲請無法克竟全功,台積電隨即依據該公司與 Mr. L 間明載「保密義務無限期」的離職約定,以及《營業秘密法》第 11 條的規定,對 Mr. L 提起了本案訴訟。

智財法院第一審經過長達一年的審理之後,僅准許了台積電的兩項請求,對於「限制 Mr. L 前往競爭公司工作」的關鍵請求則予駁回,因為法院認為「兩年競業禁止期限已過」,且台積電對於 Mr. L「有洩露營業秘密之虞的證據不足」。

陳玲玉回憶說:

假處分及第一審敗訴,而後來反敗為勝的主要關鍵,就是「證據」。

「舉證之所在，敗訴之所在」！台積電在方淑華帶領下，法務、研發及各個部門，全部動員蒐集證據，包括 Mr. L 參加過那些重要的會議。第一審期間，我們向智財法院提出了 172 個證據。

針對「營業秘密的經濟價值」首創證明的方法

為了證明台積電的營業秘密具有高度經濟價值，史前無例地，陳玲玉提出台積電投入的鉅額研發經費（2011 年 338 億元、2012 年 404 億元、2013 年 470 億元），以及台積電的「營業獲利率」為業界最高（2012 年台積電 36%，聯華電子 8.59%，S 集團 LSI 事業 10.43%），以該等數據說服法官：「研發經費」代表的就是台積電營業秘密的經濟價值。

這些營業秘密，正是台積電的產品品質最高、成本最低、在業界獲利率最高的原因，也是台積電領先全球競爭者的重要關鍵。

第二審反敗為勝的辯論

針對台積電贏得第二審訴訟，陳玲玉感性地分享，2015 年間在非常偶然的狀況下，靈光一閃，想出第二審辯論的策略。她想起莊子所說的「用心如鏡」：不追悔過去，不寄盼未來，鏡子終究只能顯現「當下」。陳玲玉頓悟：無論 Mr. L 離開台積電多久，只要他還在競爭公司任職的「當下」，台積電的營業秘密就暴露在高度風險之中。

尤其，營業秘密的生命週期相當長，即使推出新一代產品，但舊世代的諸多製程技術因為仍然持續被沿用，而應受到《營業秘密法》的保護。換言之，即使 Mr. L 離職多年，且台積電不斷創新技術，但 Mr. L 當初所知的營業秘密仍然會被沿用。

於是，陳玲玉於出國行程時，端坐在京都旅館的書桌之前，文思泉湧地重新改寫言詞辯論庭簡報，之後意志高昂地邁向 10 年來唯一一次穿上律師袍辯論的法庭之戰，並在短短 30 分鐘的簡報限制下，將錯綜複雜的案情化繁為簡，闡述案情事實、製程技術及法律基礎，打動了 3 位法官！

有道是：皇天不負苦心人。智財法院第二審判決於 2014 年 5 月出現了大逆轉，判決台積電提出的請求全部獲勝。尤其值得令人振奮的是，高院認同「以禁止離職員工任職於競爭公司，作為防止前雇主營業秘密被侵害的方法」，這是台灣司法史上保護營業秘密的首例。

台積電很振奮地向媒體表示，希望透過這個案例，籲請企業切勿以「挖角他人員工」進行惡性競爭，並期盼企業經營者共同守護台灣市場的商業倫理與競爭秩序。

贏在終點

對於敗訴判決，Mr. L 當然不服，立即上訴到最高法院。其後，雙方以書狀你來我往，又繼續纏鬥一年。

2015 年 8 月 24 日，陳玲玉獲知法院剛公佈的最新消息：「最高法院判決台積電勝訴定讞，Mr. L 在 2015 年 12 月 31 日以前不得以任職或其他方式為競爭公司提供服務」。

從 2011 年 8 月陳玲玉代理台積電對 Mr. L 聲請假處分，一直到獲得最高法院判決勝訴確定，其間已達 4 年之久，媒體對此案特別報導：「張忠謀堅持打官司終獲逆轉勝」，正好驗證了陳玲玉經常說的：「人要堅持，才有品質，才有尊嚴！」

回到案件本身，方淑華認為：

最後能夠成功，有很多因素。第一個就是台積電內部跟外部律師團隊的配合默契，這就是我很感謝陳玲玉律師及邵瓊慧律師的原因，他們非常認真，十分敬業，也很仔細。台積電一向有非常高的要求，他們的配合度很高，所以我們合作很愉快！

「不可避免的揭露原則」開啟不同思辨角度

方淑華再次回憶說：

「不可避免的揭露原則」這個理論，當時在美國已經有不少法院採納，也是台積電在蒐集資料後，與國際通商共同討論可引用的論點。後來這些關於營業秘密的思索，也間接催生了「台灣營業秘密保護促進協會」的成立。

催生「台灣營業秘密保護促進協會」

回首這個案件，輾轉經過 4 年波折，才得到了勝訴的成果，而且催生了「台灣營業秘密保護促進協會」，方淑華成為創始人之一，也是第一屆跟第二屆理事長。

當時科技產業，聯發科、台灣康寧等也各自面臨不同的營業秘密挑戰。他們一致認為《營業秘密法》的保護力道不夠，冗長的判決程序造成訴訟贏了卻缺乏時效，以致最後的保護效果受到侷限。

於是這幾家公司經常聚會討論：如何跟政府主管機關提出建議，如何就相關法規做出修正。尤其，刑法很重視「構成要件」，如果法條就行為模式的規定不夠清楚，公司依然會遭到敗訴。這些聚會後來慢慢形成一個組織，成立協會。

推動營業秘密保護 企業合作推展宣導

方淑華說，「台灣營業秘密保護促進協會成立至今，轉眼已經 8 年，大家一起努力把營業秘密保護做得更好。這個協會可以算是台積電與 Mr. L 對簿公堂的延伸效應。」

方淑華也提到，協會的另外一項重要任務是「教育推廣」。不但與檢調單位分享營業秘密議題，如企業遇到相關困境，協會也協助檢調單位為企業進行教育訓練，使他們進一步了解什麼是營業秘密？產業怎麼看待營業秘密？

每年，「台灣營業秘密保護促進協會」也與司法官訓練所合作，協助辦理訓練課程，讓更多法律從業人員了解「營業秘密保護」的主旨與內容。

後來，日月光、友達光電、宏達電、大立光、聯發科、台灣默克、美光晶圓、台灣微軟、緯創資通紛紛參與了這個協會，不僅幫助更多人深入了解營業秘密的概念，也與智慧財產局等政府機構配合，推廣營業秘密的教育訓練，使保護智慧財產的觀念，深入扎根在每個角落。

一樁纏訟 4 年的訴訟，不只讓「企業保護營業秘密」的需求得到了伸張，也推動了法規制定及法律教育，使營業秘密的保護更臻完善！

第四章：智財維權

由左至右為任芳儀、陳玲玉、方淑華、邵瓊慧。

台積電營業秘密訴訟事件大事紀

1992：台積電高階主管 Mr. L 加入台積電。

2009：Mr. L 離職並與台積電簽訂兩年競業禁止條款。

2010：Mr. L 任教於競爭公司贊助之大學。

2011.7：Mr. L 加入競爭公司並擔任研發副總職位。

2011.8：國際通商代理台積電向智慧財產法院聲請對 L 假處分。

2013：智慧財產法院一審判決，Mr. L 任職競爭公司期間不得洩漏營業秘密。

2014：智慧財產法院二審判決，禁止 Mr. L 在 2015.12.31 以前，以任職或其他方式為競爭公司提供服務。

　　　Mr. L 向最高法院提出上訴。

2015：最高法院判決，Mr. L 在競業禁止期限屆滿後、2015 年底以前，不得至競爭公司工作，全案定讞。

國際通商不僅協助台積電贏得營業秘密訴訟
也協助台積電前進熊本

Baker McKenzie 是全球規模最大的事務所，在全球設有 74 家事務所，因此在各重要城市都有資源。

當台積電打算前往日本熊本設立新廠時，方淑華法務長第一通電話就打給相識多年的陳玲玉。

又因國際通商任芳儀合夥律師曾在東京 Baker McKenzie 服務、並參與鴻海併購夏普案，具有協助台灣公司赴日投資的經驗，因此由任芳儀與東京 Baker McKenzie 同仁共同承辦台積電前往熊本設廠事宜。

方淑華回顧表示：

熊本設廠會再度合作，是因為國際通商原本就是和台積電有合作經驗的事務所，台積電又比較重視長遠的合作關係。相互配合久了，國際通商自然比較了解台積電的企業文化跟性格。

再加上國際通商可以串聯 Baker McKenzie 各國的網絡與資源，如果真有什麼問題，在台北的國際通商可以協助我們對外溝通，也幫助我們釐清相關內容。所以在攜手多年的基礎上，比較容易推動合作案。

當然，「信賴」很重要。我們跟國際通商合作很久，彼此存有信賴關係，因此很有默契，合作愉快。每當我們有需要，而他們也能提供服務，就會理所當然將他們列為最優先的選擇。

第五章：金融整併

偕同渣打銀行力挽狂瀾
從瀕臨破局成團協典範

進入千禧年之後，台灣金融業面臨更多的轉變與挑戰。隨著2007年4月行政院金管會通過《商業銀行設立標準》修正草案，外國金融控股公司可採公開收購，或成立子銀行的方式併購國內金融機構，金融整併的浪潮逐漸加溫，愈來愈多外商擴大在台營業規模，一方面不僅能在短時間內迅速拓展分行數量，另一方面可迅速打入本土市場、有效經營客戶。

英商渣打銀行便率先成功併購新竹國際商業銀行（以下簡稱新竹商銀），併購後總資產達到4,000多億元，分行擴充至86家，並於2007年3月27日正式宣佈新竹商銀更名為「台灣渣打商業銀行股份有限公司」。

在整合過程中，合併雙方不僅要面對龐大的組織調整，勞動權益的交涉也成為金融整併成功的重要關鍵。渣打合併新竹商銀，便是偕同國際通商法律事務所共同促成團體協商，不僅順利推動雙方整併作業、保障員工勞動權益，更立下團體協商的良好典範。

國際通商協助金融整併過程中勞資協商的經驗，尚包含協助萬泰銀行、大眾銀行、花旗銀行等與工會協商的諸多案例。

綜合而論，台灣金融業工會組織相對健全，銀行、保險、證券等領域均有工會，而團體協約簽訂比例亦不低，只是有些企業尚未能完全落實團體協約之內容。期望未來團體協約之功能將能繼續正向提升，進一步促進勞資和諧。

「台灣在愈來愈重視勞動權益的過程中，勞工意識在那個時間點開始高漲，投入這幾次團體協商的一路上，我覺得很有歷史意義，也做出了非常好的示範。」

談起 2006 年開展的團體協商（以下亦稱團協），渣打銀行人資長陳瑋芝回顧，勞動議題一直隨著時代改變，在不同時代就要面對不同的勞動條件與勞動訴求。

「比方，以前就不會有 Uber Eat 的勞動權益討論吧？我們需要去思考：勞動關係如何隨時代改變？員工需要什麼樣的福利？倘若用宏觀的角度去看，這對我個人帶來很大的影響，因為我自己也是企業的領導者之一，負有做決策的職責。」

當時渣打首開外商銀行先例，在併購後進行團體協商，這裡有一個時代意義，就是台灣勞動權益起飛當下，如何在缺乏前例的環境下，摸索出平衡雙方需求的協商藝術。過程中雙方可能會產生不信任或誤解，但要隨著協商搭起橋梁，開啟對話。其實，這件事無論在什麼時代都不容易做成。

尤其社會大眾往往對於外商有著更大的期待，因此任何行動都會受到更大的關注，有時甚至會被過度檢視，這無疑帶來了巨大的壓力。

「渣打是第一家併購本土銀行的外商，一下子從 900 名員工變成 4,500 位，需要融合 3 到 4 種不同的文化。」陳瑋芝指出，2006 年併購的消息一出，新竹商銀就成立工會，展開後續的第一次團協，直到 2009 年 5 月 8 日才定案，這也是台灣首度有外商銀行正式簽訂之團體協約，別具時代意義。

文化隔閡難跨越 團協一度卡關

當時遇到的第一個問題就是文化隔閡，一開始就溝通不良。

一家是非常本土的企業，另一家則是來自英國的外商。「我們當時只有 3 家分行，僅有 700 位員工，卻要合併一個有 3,000 多名員工、在台灣具有多年歷史的企業。」

陳瑋芝用同理心揣摩，當時新竹商銀的員工內心感到不安，因為很多事情處於模糊不確定的狀態，且這些員工可能感覺自己被背叛了，過往的信用合作社對員工來說是一個「家」，但突然間，這一切就轉手給陌生的外商。

由於併購是個很重大的投資，當時渣打從國外派來了一群菁英主管，但是他們只講英文，對台灣風土民情也不夠了解。

除了溝通得靠翻譯，理念更是南轅北轍，因此很難建立信任。「比方那時我們的員工關係主管，他談的工會理論跟架構，即使翻譯了中文，員工仍然無法完全理解，無論是外部的工會還是公司內部，彼此的理解都有差距。」

當時負責這個團體協商案件的國際通商主持律師馬靜如也回顧，外國主管表達的內容，本地員工並非完全聽不懂，但根據隻字片語猜測，其實很容易造成誤解。

「我認為任何人在初始階段做這樣的勞資溝通都會很困難，並非外國主管做得不好，而是因為文化跟語言的差異。」

國際通商當時帶進來的價值在於，身為一家具有知名度的國際性律師事務所，它擁有自己的資源與網絡，也非常了解該如何協助外商，知道如何讓國外派來的外籍主管，了解在地的實務與法規，讓他們理解什麼樣的事可以做？什麼不能做？而本地員工最在意的又是那些？

有時候不能只從法律面切入，拉近人與人之間的距離，更是無形而重要的任務。

溝通要接地氣 為雙方創造安全感

憶起當時的棘手情況，馬靜如回溯表示：

在我們接手銀行委任前，工會已經決定發動罷工了，一般而言工會既然已通過罷工決議，資方要再去翻轉幾乎是不可能的事。渣打倫敦總部在發現這一緊急情況後，認為這對合併案構成非常大的危機，才毅然決定更換律師而請本所幫忙，本所團隊當然也了解此案是一個「Mission Impossible」的任務，很努力去協助處理。

當時的關鍵之一，是管理階層讓台灣員工產生非常大的不安全感、不確定性，所以第一輪談判極為艱辛，走每一步都很擔心擦槍走火。

一方面，渣打的外籍主管無法理解台灣民情，比方台灣的工會能隨意地邀請民意代表、各種非銀行員工參與談判，這對資方來說完全無法接受。

另一方面，就台灣員工的角度來看，這些資方代表是資方的人，勞方無法相信公司，因此必須借助外力。對他們來說，那是找「公親」來主持公道。

本所律師分析，如果不先釐清這個非關法律部分的認知差異，雙方根本沒辦法坐下來談，甚至連對話都不願意進行了，談什麼法律！？所以當時我們不只是負責語言溝通上的翻譯，重點更在於如何向外國主管解釋，為什麼會出現各種情況？員工心態又是怎麼想？即使立場必然不同，務必要把彼此的認知距離拉近。

在第一次團協階段，我曾經跟當時主談的外籍主管建議，我們來邀請那些工會領導人，一起到街邊的熱炒店去喝點啤酒，非正式地聊一聊，溝通一下。

他當時的反應簡直是驚嚇不已：我們可以做這種事嗎？他覺得應該依法行事，不能私下溝通，何況在非正式會議也無法做任何承諾。我解釋，在台灣的勞資環境中，可以先建立友誼，所謂「見面三分情」。他接著問為什麼不選擇餐廳？我跟他解釋，在餐廳的場合，會談將變得太正式，我們就是要到路邊攤，喝喝啤酒，把氣氛緩和下來。

我想，當時初期協商無法展開就是因為文化差異太大，因此努力想縮短這個鴻溝。

另外，當時外籍主管期待能夠與政府部會首長會面，但我們申請見首長，必須經由正式的管道，首長可能也會出於避嫌而拒絕，所幸，可能是因為本所多年來熱心公益，政府部門有所信任。我記得第一次帶他到勞動部開完會，他感到放心，認為台灣的勞動主管機關是把他當作朋友，而非主觀地預設立場。

在與政府的溝通上，我們一直是以各方面公益性協助的方式來維繫，平常的溝通就很重要，而不是發生狀況才去找上門。我也讓客戶知道，勞動部的基本立場就是幫助勞工，這是它的職責，不可能幫資方去要求勞工簽約，這段過程也讓他更了解台灣的「官場文化」。

總之，除了文化隔閡之外，當雙方缺乏互信時，團體協商的任何事都談不成，馬靜如覺得渣打在這方面很有包容性，讓律師在提供法律諮詢時尚能兼顧法理情。

首度團協難度高 力挽狂瀾防罷工

陳瑋芝也回應，台灣的勞動環境與勞動法規，的確有它特別的地方，企業必須要多花心思去調適與思考：

從我的經驗來看，台灣的勞基法在繁雜程度上應該是全球數一數二，因為它不只管大方向，小處也有非常多的細節和規定，雇主在很多政策執行面，如果不經過一些研究，很難用國外的觀念對接，會因此產生極大的落差。

馬律師與她的團隊扮演了非常重要的角色，成為外商跟本土溝通的橋梁，他們不只是了解法律，還有許多實務經驗，所以能幫助我們在 2009 年 5 月簽下了第一次的團體協商。

同時帶領國際通商團隊參與協商的許修豪合夥律師回憶：

銀行先前的律師團建議以假處分來制衡罷工，工會反而覺得戰役已開，很快通過了罷工決議。所以當我們接手協助銀行進行勞資協商時，我們建議的策略不是訴諸於假處分，因為即使申請獲准假處分，員工還是可以用集會遊行法等途徑聚集抗議。

所幸銀行接受了我們的建議，但當時罷工已箭在弦上，雙方關係非常緊

繃，真的時時感到劍拔怒張的氣氛。第一次協商直到半夜，但我們不肯在工會代表未同意暫停罷工前結束，抱著破釜沉舟的決心，否則一旦破局，就得面臨罷工。

我們真的是力挽狂瀾，讓他們改變心意！

第一次協商會這麼緊張，另一個原因是外籍主管的心態，面對已有罷工決議的工會代表，他覺得對方心意已決，資方也莫可奈何。此外，除了語言隔閡，他在會議中，有時候只講出我們事先準備陳述的一部分，有時候完全沒有提及事先準備要講的內容，有時候又提出事先沒有討論過的內容。當時，他忽然提了一個要求，工會代表們一聽馬上翻臉鼓譟起來，談判立即陷於破裂邊緣。

馬靜如回想：

可能當時他心裡蹦出什麼想法，而迫切地想說服對方吧!?但是在談判桌上，就所有的排定議題、突發情況等，最好要事先沙盤推演、評估利弊，確定底線，知法守法只是最基本的條件。協商時如果雙方講同樣的語言、有相近的文化理解，談判比較容易形成共識，但如是不同的文化、語言上又有侷限時，必須保持開放心態、國際思維、亦尊重在地文化習慣等，更需信任律師建議，才能讓雙方可以聚焦，達成雙贏的解決方案。

二次團協漸入佳境 創造良好互動

相對於第一次的有驚無險，2012年的第二次團體協商，短短35天就談成。

陳瑋芝表示：

渣打對企業界最大的影響之一，就是我們對工會的尊重，因為我們的背景來自英國，對人文和人本價值都有很高的標準，內部甚至還有一個政策，將工會當成第三方，即除了股東之外的第三方。組織上就反映這樣的精神跟信念，認為這個第三方值得尊重。

這樣的信念帶給我們一些正面的效益，使我們在團協談判中，某些方面甚至可稱為領先業界，因此形成了一種典範。當時政府的政策之一是鼓勵公司內部自治，包括扶持工會成長、傾聽勞工心聲，這些都是時代的進步。

所以渣打銀行從 2009 年到 2015 年，常常被勞動部當作典範企業，尤其是團協的正面案例。我們非常尊重工會的發展，像是讓工會理事長可以全天入會，並創造了很多溝通平台，譬如每兩週就跟工會坐下來聊，有什麼事情就當下處理。

渣打跟工會的互相認定，也體現在我們把工會當成企業延伸在外的組織，畢竟從總行到分行距離遙遠，有時候訊息不一定能夠順暢傳達，有時候是上情沒有下達，有時候是下情也沒上達，因此工會成為組織的末梢神經，員工關係團隊跟工會談任何他們想討論的議題，如果有什麼個案，我們就儘快處理，確保良性、即時的互動，這也成為業界常常討論的範例。

另外值得一提的是，2012 年渣打與工會簽下第二次團協，也很具有代表意義，當時的創舉就是，參考第一次團協協商時開始建立的架構，在第二次團協協議一開始，即正式將團體協商的架構制度化。

團體協商這件事,對很多企業來講,第一個擔憂是陌生,第二個是忐忑,因為不知道該怎麼談。

很多資方對團體協商是能閃就閃,敬而遠之,然而政府想要創造更進步的勞資關係,因此最好先由組織內部進行協商,再來進行團體協商。所以那一年,渣打與工會先做好協商架構,讓整個會談討論更順暢。

2023年,勞動部就以渣打的協商架構為範本,公佈在勞動部網站,讓企業可以有個參考的依據。

團協架構先行 躍身協商典範

馬靜如分析:

提到勞資協商架構,在雙方代表到會議室協商之前,多久前要提案?多少人參與?什麼樣的人可以參加?雙方要提出來的議題等等,都要先協調好。甚至,一個會議時間多久?一個議題必須多久結束討論?如果沒有結束討論,暫置後面再談,這樣整個協商才能一直繼續討論。

我們還跟客戶決定哪些優先討論,哪些可以放棄,還安排第一輪、第二輪的討論議題。我很感謝渣打銀行的代表願意耐心跟律師討論,將事前的協商架構做完善,在勞資協商裡建立了非常好的典範,建立雙贏的局面。

陳瑋芝也細數了讓她非常難忘的第二次團協,除了良好的互信基礎,跟清晰的協商流程,相對也帶來極高的協商效率:

這個協商架構，像執行專案一樣，先架構出來，然後才進入協商。所以，團協僅花了35天、開7次會，就成功簽訂了。雖然最後一次也是談到半夜，但因為雙方都有共識，算是很有效率。

我們那時候的勞資關係應該算是最好的，形成信任基礎也很重要，大家不會對彼此說的話有太多的揣測，加上國際通商許修豪律師的協助，給我們一股安定的力量。例如，當時雙方曾糾結在一些文字，許律師以法律為基礎告訴大家其實不需要糾結，在法律的意涵中它代表什麼、或在法律上的意義其實沒有差別，他在團協中扮演了平衡雙方的重要角色，讓我們在35天內很快敲定，成為永生難忘的經驗。

我還記得前往新竹協商的最後一天，工會幹部擺了高粱酒在我們新竹總行的辦公室。當時大家就說，今天一定要談完，然後把那瓶高粱打開。

印象很深刻的是，我請總經理在台北等候消息，確認談判內容的底線，所以談到最後，經過他拍板敲定，我們就把那瓶高粱打開慶祝。

談完之後，我們請許律師一起去吃宵夜，那時都已經半夜12點了，我們跟國際通商團隊的革命情感，就是這樣培養出來，我們一路在車上聊了很多，比如法律上的實務、業界的實務等等，國際通商也會幫助我們回頭檢視內部的一些政策，有沒有什麼可以再幫助到我們的員工，創造勞資雙方的和諧。

從勞資雙方彼此的不安與缺乏信任，到後來逐漸產生共識基礎，得來全是工夫。

從第一次團協開始,每 3 年一輪,目前渣打已經完成第四次協商,正朝向第五次邁進。每一個階段都有不同挑戰,除了持續保障工作權,也著墨於勞工福利的增進;而隨著社會風氣不同、世代不同,也會產生與過去不同的議題,這其實就是一個漸進的學習過程,無論是律師事務所或金融機構,都在慢慢拿捏團體協商的藝術,儘量做到雙方皆大歡喜,找出最好的平衡點。

秉持共好信念 並肩延伸社會影響力

不只團體協商立下新典範,彼此合作還延伸出更多的社會影響力。

在合作愉快之下,後來馬靜如邀請陳瑋芝加入美國商會,藉由民間平台的力量,促成政府與商業界,特別是與外商的互動,幫助政府在協助外商時,能找到更貼切的角度。

陳瑋芝表示,「外商對整個國家總體經濟絕對有好處,我看到馬律師做的事印象很深刻,我們可以從產業的角度去提醒政府,而且共同參與的又有各種產業的外商,我自己也因此增長了不少知識。」

馬靜如分享,自己為何願意熱心投入倡議的初衷:

渣打銀行在國際上得到很多勞資關係的獎項,我也因此從他們團隊學到很多。由於我那時在美國商會擔任人力資源委員會主委,就邀請渣打由瑋芝代表加入這個平台,一方面做教育推廣,一方面向政府建言。

印象最深刻的是曾經遇到「一例一休」的議題。那個法案出來後，對產業界造成很大的影響，我們以美國商會的立場向政府提出建言，善用這個平台，讓政府知道企業界的心聲。我們透過美國商會去做這些具有影響力的建言，「一例一休」議題正喧騰，我們就拜訪經濟部、勞動部，並在美國商會的白皮書中，提出很多建議。

特別的是舉辦了很多講座，還邀請雙北市的勞工局（勞動局）局長，與各種產業的人資主管坐下來對談，那一次有數百人參與。我們請局長們坐下來聽聽業界的心聲，給點建議，希望透過真正來自民間的聲音能讓勞動部了解實際狀況。

很感謝政府後來同意修法，一例一休可稱是台灣施行時間最短的一個法令。

此外，我思考到新工作型態帶來的議題，像是在家上班、遠距上班等等，提議政府在經過新冠疫情之後，要順應時代潮流，做出與時俱進的改變，如簽到、簽退的制度。

我們因為法律業務而跟客戶結緣，後來變成一起為推動社會進步而倡議的夥伴，不僅很有意義，還產生更深遠的社會影響力。

陳瑋芝對此也很感同身受，她最後如此形容對於國際通商的觀察：

國際通商的夥伴可以帶給我們最大的價值，就是它有國際的視野、國際的經驗，也了解本土文化和實務，可以扮演一個非常好的橋梁。

我所認識的這些值得信任的夥伴，包括馬律師、許律師，他們不僅是非常傑出的律師，更具備以人為本的初心，無論是給予建議或是一起共事，

第五章：金融整併

總能讓我感受到他們心中的信念，是為社會帶來更平和、更以人為出發的未來。

我們跟國際通商，從最早的業務合作關係，到後來發現我們對人的一些基本信念有許多共通之處，因此能共同投入一些倡議行動，代表產業界去向政府作出建言，甚至創造出一些場景，讓政府跟業界多做一些近距離的交流，使政策能夠愈來愈接地氣，我覺得這是非常棒的經驗。

陳瑋芝、馬靜如、許修豪（由左至右）在英商渣打銀行併購新竹商銀一案中，建立了良好的勞資協商典範，創造雙贏局面。

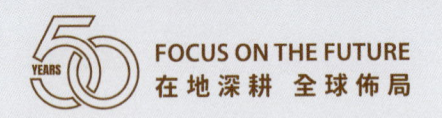

各國律師團隊協作

星展銀行三度擴大併購
躍身在台最大外銀

近年來，外商銀行的業務策略日益聚焦於高成長潛力的市場與核心業務，如亞洲新興市場的東南亞各國地區。

此外，隨著金融科技（FinTech）的崛起，銀行業的數位化轉型需求加速，而維持龐大的實體分行網絡與業務基礎設施的成本成為外商銀行在台灣的重要挑戰。相較於投入巨資進行轉型，不少外商乃選擇退出市場或轉讓業務以優化資源。

因此，諸如花旗銀行、德意志銀行等，紛紛選擇縮減業務範圍、整合資源、甚至完全撤出零售業務，而退出或縮減台灣市場、或與其他機構合併的趨勢愈發明顯。這一現象反映了全球金融業務的結構性變化，也對台灣金融生態產生影響。

相對而言，亦有外商銀行以此為整合資源的機遇，反而擴大合併其他銀行。

在外商銀行擴大對台佈局的案例中，於 2023 年來台屆滿 40 週年的星展銀行，絕對是個非常獨特的存在。從 2008 年在台灣首度展開併購以來，它持續藉由三次併購，躍身成為台灣最大的外商銀行。

尤其 2023 年 8 月完成整併花旗（台灣）消費金融業務，更是具有歷史意義，除了讓星展在台灣整體營收全年突破新台幣 300 億元，並納入 3,000 名員工加入星展團隊。

國際通商法律事務所協助星展銀行與花旗銀行協商，並由花旗銀行與工會完成團體協約簽訂，讓 2 家銀行在合併過程更加順暢。

「我們的信用卡用戶成長近五倍，達到 300 萬名用戶的規模，放款規模及存款規模分別突破新台幣 7,400 億元和 8,300 億元，這就是合併帶來的效益。」當時擔任 Head of Integration、一路見證合併案的星展銀行（台灣）總經理黃思翰表示，星展目前不僅是台灣最大外銀，也是台灣第六大發卡行，營收規模在更多資源挹注下再創新高。

在擴大規模的同時，同時還有 3,000 多名員工加入星展團隊，這也是該起併購案確立之後，最關鍵的整合一環。

企業併購所衍生的團體協商，本來就是很難掌握的一門「藝術」，員工之所以成立工會，要求進行協商或抗爭，往往來自內心存在不安或不滿，如何從員工的角度出發，兼顧企業發展的目標並達到雙贏，確實非常不容易做到。

協商結構特殊 透過會議紀錄串聯三方

「花旗與星展是在 2022 年 1 月 28 日簽約，但花旗員工大概在 2021 年 10 月就成立工會，協商過程差不多花了 7 個月，在 2022 年 8 月才告一段落。」星展銀行（台灣）法務暨法遵長黃燕枝，細數整個併購案的團體協商歷程，有一個很特別的關鍵：

花旗是賣方，星展是買方，一開始，由於花旗員工對未來不放心，所以想要協商，重點是他們要協商，照理說應該跟未來的雇主，也就是星展，來做討論。但那時他們還沒有移轉過來，星展還不是雇主，沒有資格跟他們談。所以花旗的員工還是應該跟花旗談他們的訴求。

但另一方面現任雇主（花旗）因為已經出售消金部門，而要把員工移轉到新雇主，若要員工去跟現任雇主談，其實沒有多大意義，因為新雇主未必同意。後來我們定調出一個方向，花旗工會就跟當初的花旗銀行談，新買家不介入，而等到他們談出一個結果。

有時候問題是出在員工對於法令不了解，擔心新雇主會不會以無法勝任等理由解雇員工，所以我們花了不少力氣為員工解釋勞基法的內容。

這種情境的特別之處在於，一般團體協商都是工會直接跟雇主抗爭，但是這次的協商發生在交易還沒有完全底定的轉換期，因此模式有點特別，但我相信在以後的併購案當中，可能也會有類似的情況出現。

它的重點是，三方協議如何能在未來的買方（也就是未來雇主）不能介入的情況下，讓現任雇主和工會先談好。所以我們的定調就是，假設工會要談，我們不會直接參與，否則，如果直接參與，就變成有點像未來雇主視察，可是我們又還沒有這個角色，因為這種併購交易，到底會不會走到最後一步，沒有人可以確定。

台灣工會發展特色 講求實力抗爭

專精勞工法專業的國際通商合夥律師許修豪，更詳盡地分享了他的觀察經驗：

因為星展是未來雇主，不是現任雇主，所以我們就保持一個距離。等到他們談完團體協約，再想辦法做一個三方的契約，把三方的理解都寫在裡面。

團體協約是由花旗銀行跟花旗工會談，但又希望星展能承認其效力，所以我們後來簽署了一個文件會議紀錄，以三方協議的模式，將花旗、花旗工會、星展的協議內容綜合起來。

工會抗爭大致有兩種情境。一種是會員有一個特定訴求，例如他已經很資深，希望公司特別給他一筆優惠離職金之類。

另一種就是典型發生在併購案，賣方的員工要移轉到買方，可是他對買方不了解，所以就不放心，這時會由工會團結起來爭取權益。

這次的協商就屬於第二類，不過，這次的團體協商都很祕密，代表星展的律師不能進去參加協商，他們談完以後理出方案，再由花旗主管來找星展主管會談，星展再評估能否答應其內容。就是因為有了這個過程，所以中間有很多往返。

台灣的特點是，普遍來講，工會組織率並沒有非常高，但在幾個特定產業卻很顯著，包括金融業。金融業有比較高的工會組織率，是因為台灣的銀行併購案多，另外還有個重要機構「全國金融業工會聯合總會」也很努力推動組織工會，來保障銀行行員權利。

從台灣工會的發展可以觀察到兩個重點，第一是講求實力抗爭，這跟講法律、講情理不太一樣，即以組織動員的力量去爭取權益。第二是因為民主，所以會有投票，但也會有很多政治力，主管機關也會強力介入。

比如金融主管機關跟工會沒有直接管轄關係，但是在審查併購案時，會考量該併購案是否影響對於員工權益的保障，勞動部也會很積極參與工會案件，當雙方談到卡關，往往就需要勞動部受到推崇的高階長官出來臨門一腳，把協商推進完成。

以這個案子來說，花旗那邊到底談了什麼，星展不見得會知道，所以有時候國際通商律師團會受邀到現場，但又不能靠近聽，只能遠遠看工會討論很熱烈，甚至，當他們簽了若干協議以後，新雇主仍不知道到底簽了什麼。

這期間就是用這樣很奇怪的結構在談，他們會把消息轉給我們，包括主管機關勞動部，也會邀請三方一起到他們那邊會談，當花旗承諾了一些重要條文，也要用間接的方式讓我們知道到底談了什麼。

我們最後在勞動部的督導下，簽了一個單方的文件，涵蓋對方答應的承諾。最後用這樣的方式把三方串接起來，契約結構還滿複雜的。

等到這個案件做完，應該會變成一個案例，其他銀行在未來可能被要求援例辦理，以後相關的併購也會出現類似的模式，就可以參考之前的經驗。

三度併購全程參與 國際通商貼近觀察

國際通商合夥律師謝易哲觀察到，這個案子的另一個複雜之處，在於類型屬於跨國大案，實際上除了台灣，還要考慮美國與新加坡等地的法律與規定。不同的國家需要遵守的內容不一樣，所以律師團隊要去考慮這3個國家的要求，完整符合3個國家的法令，並與各國律師團隊彼此協調協作。

國際通商執行合夥律師胡浩叡則述說，多年來與星展銀行合作的歷史，可以回溯當 2008 年星展併購寶華銀行時，就開始與國際通商攜手，在 2011 至 2012 年國際通商協助星展設立星展台灣銀行，2016 至 2017 年時，則是代表賣方澳盛銀行與星展合作，一路走到 2021 至 2023 年協助併購花旗消金，全程近距離觀察了星展這 15 年來的穩定成長。

國際通商合夥律師邱佩冠在一路合作以來，負責提供稅法諮詢的過程當中，對星展的超高效率以及組織動員能力大為佩服：

我從旁觀者的角度，看花旗這樣在台歷史最悠久、規模最大的外商銀行，一般銀行大概很難承接這樣的併購。

他們在 15 年當中在台灣做了三次併購，三個階段的變化，都累積出不同的實力。

這使得星展在併購上確實非常有經驗，簡直已成為專家。他們控管非常好，比方，這次參與併購的國內外律師事務所就高達 4 家，他們都能應對自如。另外，有一些併購會大量仰賴外部財務顧問，但星展內部員工能力很強，做財務的人都可以當作會計師來用，這也令人非常印象深刻。

當然，過程中會有非常多辛苦，是我們外人看不到的，他們內部的員工也真的非常努力，大家都非常專業有效率，向心力也非常好。

看到他們在併購時有著明確的策略，讓我一直覺得星展是銀行併購的典範，他們就是想深耕台灣，一直以來的角度就是這樣，抱著這種心態來做併購，延伸出來的綜效，自然就會很可觀。

第五章：金融整併

國際通商協助星展銀行 15 年來的三次併購過程，共同見證其穩定成長（圖由左至右為許修豪、邱佩冠、黃燕枝、黃思翰、胡浩叡、謝易哲）。

第六章：永遠的夥伴

國泰世華遭控疏失
國際通商攜手奮戰 17 年
強強聯手 全方位合作

2003 年，是中東爆發美國與伊拉克戰爭的動盪之年，也是 SARS（嚴重急性呼吸道症候群）肆虐的一年，無論全球或亞洲都飽受衝擊。

對台灣而言，SARS 疫情的爆發導致市場恐慌，台灣股市於 2003 年上半年大幅波動，主要股指跌幅一度超過 20%。疫情不僅重創零售、旅遊與航空等實體經濟，也間接引發了金融市場波動與多起重大經濟犯罪案件，揭示了危機時期內控管理與金融穩健的重要性。

例如，台灣科技業於 SARS 期間，受到全球供應鏈斷裂的衝擊，部分企業選擇透過不當手段維持資金運轉。2003 年，博達科技爆出財務造假醜聞，公司以虛構交易與造假會計報表，吸引投資人購買其公司債，涉案金額高達新台幣 220 億元。此案揭露了當時金融市場監管的漏洞，也暴露了投資人對高風險產品缺乏足夠認知。

同一年，台灣紡織巨頭華隆紡織因經營不善宣佈破產。公司負責人涉嫌侵占員工退休金，導致數千名員工利益受損，引發社會廣泛關注與勞工抗議浪潮，凸顯了企業在危機中的財務透明度與內控管理的缺失。

同樣在這一年，發生了一樁律師界不尋常的案件，不僅牽涉了天價金額的侵占盜領，後續也點燃了知名律師事務所與國內頂尖金融機構之間長達 17 年的爭戰。

關於這樁案件，奇特的是，當年涉嫌盜領的主謀迄今仍未落網，其所侵占之鉅款完全不知去向，發動訴訟的 A 法律事務所（以下簡稱 A 所），及被無端捲進這場官司漩渦的國泰世華銀行，則在 17 年間輾轉反覆於曠日廢時的冗長訴訟，直至 2023 年 12 月最高法院駁回 A 所上訴之後，總算落幕。

追根究柢，事件起頭得回溯自 2003 年一家美商公司委託 A 所保管的一批股票，被 A 所的法律專員 B 先生利用職務之便，挪用客戶所委託的印鑑，盜賣美商公司所託管的股票，並以匯款、提領現金、開出台銀支票等手法，將盜賣股票所得的 30 多億元盜領一空，並匯至香港、中國等地。之後，B 先生人間蒸發。

頂尖律所對決　金融經典案例

案件發生之後，A 所主張：B 先生盜賣股票所得的價金，係存放在國泰世華銀行之美商公司帳戶，而銀行在處理存、匯款時有疏失，未能及時阻止 B 先生盜領，因此據此提出民事訴訟，向國泰世華銀行、其負責人及 3 名承辦此事的職員，連帶求償 9 億餘元，並且聲明日後將擴張請求金額，點燃接下來纏訟多年的戰火。

為了迎戰 A 所的興訟，國泰世華銀行決定全權委任國際通商法律事務所進行調查，並由當時的主持律師陳玲玉帶領團隊對 A 所回應訴訟。

全案歷經長達 17 年（自 2006 年 4 月 11 日至 2023 年 12 月 14 日）的法院程序，最終判決國際通商代理的國泰世華銀行勝訴確定。

對於這件金融界史上索賠金額最高的經典案例，陳玲玉回顧：「因為案情牽涉台灣、中國、香港三地，因此證據取得相當困難。但 Baker McKenzie 的跨國團隊，費盡心思調查了諸多人證與物證，以事實及法律說服了法官，國泰世華因此贏得勝訴確定，無須向 A 所提供任何賠償，也創下國內金融界與法律界對峙的特殊紀錄。」

堅持誠信負責 律師是家庭醫師

10 多年後再追溯往事，國泰金控總經理李長庚回想，「這起事件發生之後，我們集團幾乎大大小小的案子，都找國際通商來幫忙。」他讚許國際通商就像國泰金控的家庭醫師。「不管雙方成員怎麼更動，我們之間的合作沒有變過。這跟我們金融業談『誠信』的核心價值，是一樣的！」

「國際通商對我們很了解，也知道我們堅持的價值。」他強調，這也是雙方彼此信賴，可以長年攜手的主要原因。

「A 所在提起這件訴訟之前曾和我們聯絡，當時我們抱著幫忙 A 所調查 B 先生向銀行開戶及匯款的相關事實，協助其追回款項的態度，盡力協助 A 所釐清真相。但是後來國泰世華銀行突然接到『被告』的開庭通知，實在莫可奈何！」李長庚說。

這件案子對國泰金控來說，有一個很大的啟示，「我們堅持誠信、推動法遵，依法處理所有流程與細節。這樣的堅持，在這個案件凸顯其價值。」李長庚進一步表示：

「陳玲玉律師與國際通商團隊就像是國泰金控的家庭醫師」，李長庚說。

訴訟期間，陳律師的團隊一直跟我們站在一起面對外界的各種要求跟攻擊。坦白講，這期間我最擔心的是：10多年前的金融法令與作業流程，跟現今不太一樣。雖然當年我們確實已經按照當時的法規及流程辦理，主管機關也認為我們沒有疏漏。審理我們案件的法官，能否看出時空背景的差異？如果以現時標準來看我們過去的做法，是否會認為我們有疏漏？

事實上，A 所的案件爆發後，金管會針對領款與匯款也頒佈了新的作業守則。我們的確也碰到，法官拿著新規則質疑 10 多年前的流程。但我們還是強調，國泰一向都是最遵循法令的企業。

針對這一點，陳律師帶領著國際通商團隊，給我們很大的幫助。即使在不同的時空，或面對不同的法官，都能為我們忠實地呈現當時的事實與法規，並且憑證據向法官據理力爭，證明：國泰世華處理這件事完全合規、合法。

面對諸多不合理的要求，我們還是忠實陳述，也相信最後可以水落石出。在贏得勝訴確定時，證明我們一路走來對「誠信」的堅持，真的很不容易。

這個過程中，無論是蔡宏圖董事長或是陳玲玉律師，都是堅持面對事實。我們的態度是：如果真有疏失，該負責就負責。但如果沒有疏失，就讓事實攤在陽光下，我們深信禁得起檢視。

拒絕和解 堅持到底

「你很少會看到一個案子，光是一審就走了 10 年才判決，接著再打 7 年！」一路走來，完整見證訴訟過程的國泰金控副總經理兼法令遵循主管李玉梅，回顧起當時的情節，令她最難忘的就是各方壓力接踵而至。她回憶道：

其實一直有各種聲音勸說我們和解，當時真的天人交戰。我的壓力是，堅持不和解，萬一最後判決下來國泰世華要賠怎麼辦？

雖然國泰世華銀行有「員工誠實保障保險」，一旦「和解」，就可以從保險公司得到補償。但是我仍然不願意和解。

我當時最堅持的是：即使賠一塊錢，就表示有錯。這不是金額大小的問題，而是經過檢視所有作業流程之後，我深信：我們沒有做錯。

我總是堅信，這就是「國泰人」之間彼此的信任。加入國泰集團跟著蔡宏圖董事長這麼久，他的為人不會做假，集團的誠信原則不是口號，而是從上而下的信念。

這一路上，我也很慶幸有陳律師和國際通商團隊相伴走完最後一哩路，讓我們有機會證明：「堅持誠信，堅持不和解」是正確的！

適逢 2 家銀行合併 即時保存證據

李玉梅副總接著說：

盜領案發生在 2003 年 10 月初，在此之前的銀行作業流程，都是按照世華銀行的作業手冊去處理。不過，2003 年的 10 月 26 日，世華銀行與國泰銀行進行合併，所以當時我們有一份世華手冊、一份國泰手冊，還有一份兩者合併後的手冊。A 所案發生之後，我趕緊從倉庫中，把本來已經收起來的世華手冊找出來，為的就是要保存證據，以便證明我們的確按照「當時」所有的作業流程，進行 B 先生的領、匯款手續。

總之，在陳律師引導下，證據都在第一時間保存得非常完整。我甚至還找到 B 先生當時到銀行辦理匯款時，因為他的車子停在分行門口被拖吊，分行還申請幫他繳了一張違規停車的罰單。陳律師也請我們找出這份資料，作為呈堂證據之一。

另外值得一提的是，由於 B 先生的匯款金額很大，依銀行作業需要進行「驗證」。「驗證函」一般是用郵寄，但本案是由世華銀行同仁親自把「驗證函」送到 A 所。我們也找出當時承辦此事的同仁，仔細核對她在 A 所見到什麼人？「驗證函」如何蓋章？這套文件，後來也成為重要證據，協助陳律師說服法官。

面對天價求償 律師撫慰被告行員

這件官司讓我印象最深刻的，不僅是陳律師及國際通商團隊的專業素養，還有他們的態度。

針對本案，A 所把當時承辦開戶、取匯款業務的 3 位國泰世華行員都告上法庭。我們設身處地為被告的行員想想，他們面對「賠償 9 億多元」的訴訟，壓力有多大？而且這種「牽連式」的提告方式，也引起銀行同事的職業恐懼，當時還有同事私下詢問如果辦理「夫妻分別財產制」是不是比較不會波及另一半？從這些小地方，就可以想像那 3 位被告的行員壓力有多大。

我還記得其中一位行員已經離職遠嫁異國且已移居國外，可是當我們跟她聯絡時，她說「沒有問題、相信銀行」，二話不說立即簽署委任狀授權國

際通商律師代理她進行訴訟。如果不是對國泰世華有絕對的信任，相信銀行不會放棄他們，這些同事怎麼可能堅持到最後一刻！

讓我很感動的是，陳律師知道：她的當事人不只面臨法律問題，也有心理上的壓力，而願意花時間舒緩大家的不安。國際通商的律師也都很有耐心，安慰我們：「沒有做錯事，不必害怕，據實陳述就好！」國際通商團隊總是陪伴著我們，安定行員的心！

尤其，陳律師溫馨又堅決的態度，讓行員知道，公司是他們的後盾，依照法規及公司規定做事，可以放心。而且，以國泰的企業文化，不會要求員工「犧牲小我、完成大我」，一定會力挺員工，一起面對訴訟。

省思與感恩

獲知纏訟 17 年的民事案件勝訴確定之際，瞬間浮在陳玲玉心頭的是：國泰世華李玉梅資深副總及洪千惠副總，在過去 10 多年間領導該銀行的法務團隊，和國際通商合作無間的點點滴滴。

陳玲玉於 2023 年 12 月 14 日收到最高法院的勝訴確定訊息時，立即稟告國泰金控蔡宏圖董事長及李長庚總經理，並向兩位副總深致謝忱。

蔡董及李總則感謝國際通商多年來的用心與辛勞，使國泰世華得以獲得終局勝訴。

陳玲玉語重心長地說：「事實和真理，終會到來！」她回憶，當初能夠擔任國泰金控法律顧問，除了因為國際通商實力堅強外，她和蔡董事長彼此間的「信賴」，也頗為重要。

蔡宏圖董事長的先父蔡萬霖，是陳玲玉先父陳土根的舊識。宏圖董事長在《陳土根先生紀念文集》記載：「早年我的父執輩創建國泰集團之際，即邀聘土根叔加入成為集團創業元老之一。舉凡國泰產險，國泰人壽，國泰租賃，國泰信託等公司，土根叔皆參與其創業奠基的工作，深得大家的肯定及信賴。也成為我父執輩的好夥伴、好朋友。」

基於兩代交情的互信，陳玲玉說，她益加珍惜為國泰金控集團服務的機會。

強強聯手 深耕國際資產管理

在長期攜手所培養的默契與信任下，國際通商也持續成為國泰金控集團在拓展事業版圖時的穩固合作夥伴。

2023 年，國泰金控集團宣佈入股義大利保險集團，大幅拓展國際化資產管理佈局，便再次借重了國際通商的全球佈局優勢，協助處理繁複的跨國投資事宜，讓國泰金控創下國內首次完成資產管理歐洲多國適格性審查首例。

國泰金控宣佈合作的歐洲保險集團,是義大利的忠意保險集團(Generali Investments Holding S.p.A),透過股權轉換,以子公司國泰人壽持有的美國康利資產管理(Conning Holdings Limited)進行 100% 股份換股,取得忠意資產管理控股公司約 16.75% 股權,並藉由跨國結盟,進一步深耕國際資產管理市場。

1831 年成立於義大利的忠意保險集團,不僅被美國《Fortune》雜誌評選為全球百大企業,也是全世界最大的保險與資產管理集團之一,光是 2022 年保費收入便高達 815 億歐元。

「義大利這個合作案,過程其實滿複雜。」國泰金控副總經理翁德雁表示,交易案至少橫跨美國、英國,以及其他歐洲國家,歷時超過 1 年,比當初預期多了兩倍的時間。除了需要磋商交易的條件、未來長期合作的內容,也涉及許多法規問題,國際通商合夥律師杜偉成提供了不少協助。

「這個交易會如此複雜,主因就是 Generali 本身在資產管理這個平台,下面就有 10 幾家公司,客戶遍及歐洲各地,所以光要拿到歐洲 10 幾個國家的主管機關核准,就花了不少時間。」國泰金控資深副總經理吳淑盈也補充解釋。

杜偉成也表示,「最主要的關鍵是,審核機關會以當地的金融機構角度來檢視:國泰金控是否具備資格成為當地的金融公司股東。所以他們要看很多細節,包括董事長詳盡的個人資料,甚至要有台北市政府警察局簽發的良民證,而且還要將認證轉移至斯洛伐克、義大利等各個國家。」

「在整個程序中，我們一路陪著國泰一起完成，主要是國際通商能協助與歐洲當地律師接洽，知道需要何種文件。比如前述的良民證或公司註冊文件，要在當地備齊可以對照的版本，用盡各種方法把程序順暢走完，最後雖然花了比預期更長的時間，但最終順利完成任務。」

律師與國泰全方位合作 攜手共創事業里程碑

從國泰金控的法律相關事務，不論國內或國際，都可以看到國際通商律師的身影。

比方由國泰人壽郭文鎧副總和不動產團隊操盤的「桃園青埔高鐵站前大型開發案」，以及台北市中心精華地段的「台北大學建國校區產業研發中心新建營運移轉案」，都與徐頌雅資深合夥律師的團隊共同攜手。

國泰人壽在新加坡交易所掛牌上市的海外次順位公司債，是台灣史上第一件保險業海外次順位公司債，2024 年 5 月中旬台灣主管機關完成相關修法，6 月底就迅速完成定價跟發行，總額高達 9.2 億美元。協助國泰人壽推動此案的杜偉成，迅速將海外發債的重點、應該注意的權利義務，逐一提醒，也代表國泰人壽與國外承銷商進行溝通，讓國泰人壽首次海外發債就有亮眼成績。

隨著國泰集團拓展的事業版圖愈來愈廣，在全球各地所涉及的商標申請及智財相關議題，也都借助國際通商之力，偕同 Baker McKenzie 的全球各

地事務所共同完成。有關數位轉型業務，諸如數位金融、電子支付相關的領域，也延請國際通商協助。

合作愈久 默契愈好

李長庚總經理的結論是：「國際通商與我們共事多年，非常了解我們，在處理案件時也很清楚我們的原則，加上律師團隊非常優秀，因此我們遇到問題，第一個就是找他們提供全方位的服務。」

「國泰金控航向國際的每段旅程，以及每個國泰金控的里程碑，都有國際通商這個信賴夥伴的協助與參與！」李長庚總經理於國際通商歡度創所50週年之際，謹獻上最誠摯的祝福！

第六章：永遠的夥伴

國泰金控的每個里程碑都有國際通商優秀團隊的參與和協助（圖由左至右為杜偉成、李玉梅、陳玲玉、李長庚、翁德雁、李虹明）。

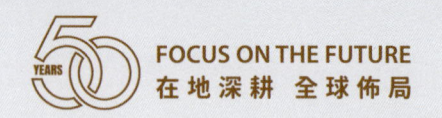

> # 化解台新與財政部
> 8年彰銀經營權紛爭
>
> 樹立「調解」全新標竿

另一件特別能凸顯國際通商法律事務所實力的案例，同樣也體現在金融界，尤其纏訟多年的長期奮戰，格外費心費力，更加考驗律師團隊的能力及毅力。

此案的背景，即是紛擾多年的彰化銀行經營權之爭。

2005 年本土金融風暴時，彰化銀行累積許多呆帳，財政部決議以招標發行特別股的方式引進策略投資人救援彰銀，而由台新金控以新台幣 365 億元，溢價 114 億元取得彰銀 22.5% 股權，成為彰銀單一最大股東，拿下經營權。

但於 2014 年，政府主管機關宣稱不再支持台新金掌握彰銀經營權，於是和泛公股事業聯手加碼買進彰銀股份，並委託券商徵求委託書，而致台新金失去經營權。

台新金於失去經營權後向法院提出確認財政部和台新金要約存在之民事官司，法院一再判決台新金勝訴，財政部應支持台新金取得過半數的彰銀董事席次，卻仍繼續纏訟多年。

此案可謂台灣金融史上首次的官民爭訟案例。最終國際通商於 2022 年代理台新金控，以調解方式終止雙方法律訴訟，為纏訟長達 8 年的經營權之爭劃下句點，不僅樹立國內紛爭解決新標竿，也為雙方多年的並肩攜手，帶來永續合作夥伴的典範。

2005 年，台新金控在財政部主導的「彰銀增資股」招標案中，以 365 億元擊敗新加坡淡馬錫控股，標下彰銀特別股，拿下 22.5% 股權，成為彰銀最大股東。但 2014 年台新金控與財政部開打的「確認雙方契約存在」官司案，雙方僵持不下，纏鬥多年。

最終本案在最高法院法官及調解委員協調下，雙方達成解決爭端之共識，並由台新金控向法院撤回訴訟，樹立了國內紛爭解決新標竿，國際通商便在這樁司法史上最高法院首件的「調解案」，扮演了關鍵角色。

私誼與專業兼俱 常年法律顧問不二人選

回顧台新金控如何選擇陳玲玉律師擔任常年法律顧問，並由陳玲玉偕同國際通商資深合夥律師胡浩叡協助解決一連串棘手爭端，台新金控董事長吳東亮感性表示：

台新金控在邁向國際化的過程中，亟須跨國性律師事務所的協助。國際通商與其所屬的 Baker McKenzie，在全球數十個國家設有事務所，自屬不二之選。尤其陳玲玉律師的先父陳土根，與我先父吳火獅相識數十年，他們兩人從 1981 年起先後擔任台鳳公司董事，也一起擔任味全公司董事，彼此之間有著深刻的情誼。

2005 年台新金控入主彰銀時，陳土根先生正擔任彰銀監察人（為一家私人公司指派的代表），2007 年他卸任之日，我立即在當天延請他擔任台新金控指派之彰銀監察人，成為媒體報導的佳話。這位先輩除了協助台新金控和平入主彰銀，也對經營彰銀提供不少建設性的意見。

陳玲玉律師除了與我有深厚的公誼私交，更因為她具有高度的專業能力，行事迅速又有巧思，使每個案件都能獲得圓滿結果，因此是我很信賴的常年法律顧問。

據理力爭 維護客戶權益面面俱到

在台新金控與彰銀的紛爭當中，吳東亮多次偕同陳玲玉一起向主管機關說明，對於國際通商團隊處理案件的投入與明快，留下深刻的印象。他表示：

陳律師擁有豐富的政府機關談判經驗，深刻了解官方立場，也能體諒官員個人的顧慮，這種面面俱到的能力，促使重要官員能夠協助台新金控打開協商之門，這是很重要的關鍵。

另一方面，陳律師也從不認為應該「官尊民卑」，所以能為台新金控的合法權益據理力爭，讓調解得到最完滿的結果。

尤其特別的是，陳律師身為法律人，卻有著媒體人的敏銳。她為台新金控處理的新聞稿，無論主動出擊或被動回應，都深具說服力及影響力。

媒體搶先報導的「合併案」

比方2013年2月20日，台新金控原定當天下午4時召開董事會，討論「彰銀合併台新銀的研究案」。未料，當天早上《工商時報》頭版便以斗大標題刊載：「大逆轉，彰銀擬併台新銀」，引起一片譁然。

陳玲玉認為,「彰銀合併台新銀」只是「研究案」,意在分析 2 家銀行將來合併的可行性而已,既無實質合併的計畫,又無啟動合併的時程。而且,「金融機構藉由整併以提升經營綜效」,合法又合理。如果只因媒體違背事實的報導,即打退堂鼓,反而可能引起更多想像,因此建議台新金控如期召開董事會。

2 月 20 日上午 10:05,台新金控依證交所的要求,在「公開資訊觀測站」發佈重大訊息公告,並於下午 2:40 發佈第 2 次公告,澄清媒體過度報導且毫無依據,並表示「事實」應以該公司董事會之決議為準。

下午 4:00,台新金控在陳玲玉協助下如期召開董事會,肯認「研究案」的適法性及合理性,並決議函請彰銀董事會啟動「彰銀合併台新銀」的「研究案」,也決定發文給彰銀的第二大股東財政部,建議財政部合理研究「2 家銀行合併,並以台新銀為消滅銀行、彰銀為存續銀行」的可行性。

台新金控在當天下午 5:07 再次發佈重大訊息,並由陳玲玉陪同台新金控總經理林維俊召開記者會,強調:台新金控董事會通過的議案僅是「研究案」。至於合併案,依法須經台新金控、彰銀、台新銀 3 家公司董事會,以及彰銀、台新銀 2 家公司股東會的決議通過,最後還須取得「金融監督管理委員會」及其他相關主管機關的核准,始能達陣。

財政部則於當天上午 10:30 召開記者會,強調沒有「公併民」的個案,而且指摘「金融改革正式啟動與事實嚴重不符」。財政部或許預期上午召開的記者會能夠嚇阻台新金控,孰料台新金控仍在下午如期進行董事會。財政部罕見地在下午 6:30 由曾銘宗次長召開第二次記者會,宣示對台新金控的「合併研究案」反對到底。

短短一天之內，陳玲玉代理台新金控以「三次重訊及記者會」與財政部的「兩次記者會」交鋒，官民刀光劍影、空前絕後，但她始終能提供完整建議，以利台新金控掌握全局。

主張「契約存在」勝訴 啟動最高法院首件「調解」

另一件值得關注的台新金控與財政部紛爭，是「確認契約關係存在」的訴訟案與調解案。

關於台新金控對財政部提起「確認契約存在」之訴的緣由，陳玲玉解釋，2014年12月8日彰銀股東臨時會中，財政部藉由強力徵求高達總股數18%的委託書，加上該部自己持有的12.2%股權，一舉拿下彰銀9席董事（包括6席普董及3席獨董）中的4席普董及2席獨董，台新金控只取得2席普董、1席獨董，以致喪失彰銀經營權。

陳玲玉主張，財政部於2005年7月5日以〈公告〉公開承諾：「移轉彰銀經營權予得標人」，並於同年7月21日以「公函」承諾：支持得標人「主導彰銀之經營管理，並取得彰銀董事會過半數董事及過半數監察人席次」，已經和台新金控成立「契約」關係，應對台新金控履行「支持台新金控對彰銀享有經營權」的契約義務。

財政部則抗辯：7.5公告僅為新聞稿、7.21公函僅回函給彰銀，均不構成「契約」。

吳東亮董事長因此委任陳玲玉於 2014 年 12 月 9 日，以財政部為被告，向台北地方法院提起「確認雙方契約關係存在」訴訟。在陳玲玉領導的律師團隊努力下，第一審及第二審均獲得勝訴。

藉媒體向行政院長喊話 促使大眾重視彰銀經營權

陳玲玉並代理台新金控，藉由媒體呼籲 2014 年契約成立時的「當事人」──時任財政部部長、後來擔任行政院院長的林全，請他確實履行 94.7.5 公告及 94.7.21 公函書面承諾，將「彰銀經營權」繼續交給台新金控。陳玲玉也籲請林全院長不可放任公股徵求委託書，因為徵求委託書就是為了「爭奪彰銀經營權」，就是「違反契約」。

陳玲玉也說：「希望今年彰銀董事改選，不可以讓前任財政部長奪取彰銀經營權的惡行再次發生，期盼政府信守承諾、履行契約，以維政府的公信力，讓企業可以信賴政府、國內外投資人敢於投資台灣，以重拾投資人對台灣的信心，一起振興台灣經濟發展。」

樹立「調解」典範 達成雙贏共榮理想

最高法院審理期間，3 位法官依據最高法院 2021 年 2 月 23 日公佈的「最高法院民事事件移付調解要點」，對台新金控及財政部啟動了司法史上最高法院第一件「調解」程序。

國際通商之所以建議台新金控進行「調解」,是希望能維繫台新金控與主管機關的良好關係,達到雙贏的局面。

長達一年的調解程序,橫跨自2021年7月2日台新金控同意將訴訟案移付調解,至2022年8月10日與財政部簽署調解筆錄。在調解過程中,國際通商一方面協助台新經營團隊向董事會說明、一方面說服調解委員,並促使財政部同意調解條件。

最終,彰銀案在最高法院法官及調解委員協調下,由台新金控和財政部成立調解(同時撤回法院訴訟),樹立了以「調解」解決紛爭的標竿。

最高法院於調解成立當日,發佈了新聞稿表示:

「……民國111年8月10日成立調解,讓這件纏訟多年、金額龐大的重大事件能和平圓滿落幕,創造雙贏共榮的局面,更為最高法院的調解制度,樹立成功的新典範!」

承辦法官也要求雙方於2022年8月10日發佈「財政部與台新金控共同聲明」。吳東亮董事長特別囑咐陳玲玉,為台新金控所草擬的公開聲明,應表達下列立場:

「台新金控於2005年挹注365億元增資彰銀,使彰銀得以大幅轉銷呆帳,優化財務結構,大幅改善彰銀體質。

財政部肯定台新金控於經營彰銀9年(2005年至2014年)期間,以其經營團隊提升彰銀業績、強化公司治理、增加股東獲利的貢獻。」

這場台新金控與財政部纏訟 8 年的「彰銀經營權之爭」，最終在最高法院新頒佈的調解制度下，樹立了首件「調解成功」的標竿，台新金控也終於拋開「彰銀經營權」長年的羈絆，展翅高飛。

台新金控總經理林維俊便感性表示，金融業為政府特許的行業，相關業務之經營皆須依循政府法令規定。台新金控始終自我要求，以高標準落實法遵並配合政府政策，卻因彰銀案，而需與政府協商爭議、對簿公堂，著實為難以承受之重，幸賴陳玲玉帶領杜偉成合夥律師等專業團隊協助，才能一路挺過波折過程。他強調：

陳律師的個性沉著、態度冷靜、思慮清晰、邏輯精準，法學素養更是不在話下，尤其在向主管機關說明時展現不卑不亢的大將之風，令人印象深刻。而面對記者提問，也能將艱深的法條扼要轉換成大眾熟悉的用語進行說明。仰賴陳律師的專業協助，著實讓人有強烈的安全感。

他也提到，彰銀案的官民紛爭，其實更凸顯了「永續」的重要性，尤其「永續政府」更是關鍵，特別是前朝政府推行的良善政策，對外已有締約事實時，不應受到政黨輪替的影響而改變，否則受傷害的將會是政府的威信、社會的穩定以及產業的發展。林維俊就此表示：

雖然彰銀案最後在最高法院法官及調解委員協調下，由台新金控和財政部成立調解，樹立以「調解」解決紛爭的新標竿。但對台新金控而言，這是一個不能算是圓滿的好結局。欠缺的圓滿，是企盼從彰銀案的紛爭中，能讓政府及民間企業共同省思與學習，並合作讓「永續」涵蓋的面向更深、更廣，讓「永續的政府」引領「永續的企業」，一起促成產業永續、環境永續、社會永續的美好未來！

第六章：永遠的夥伴

台灣金融史上首次的官民爭訟案例，由國際通商代理台新金控，以調解方式劃下句點，樹立國內紛爭解決新標竿（圖由左至右為杜偉成、陳玲玉、吳東亮、林維俊）。

第七章：傳承

光泉家族紛爭驚心動魄

全心的信任 讓律師以機智化險為夷

在現代商業叢林中,企業的外部競爭固然稀鬆平常,內部的股東角力與家族經營之爭同樣屢見不鮮。這些內鬥不僅影響企業決策,也可能改變其市場格局及未來發展。

例如,韓國三星集團的家族經營模式曾是其成功的基石,卻也成為內部矛盾的源頭。三星集團創辦人李秉喆的子孫間因繼承權問題展開激烈爭奪,影響了外界對集團治理穩定性的評價。

在台灣,此類兄弟鬩牆之爭也一再發生。例如媒體廣為報導的「長榮集團家族糾紛」,自創辦人張榮發過世後,其子女圍繞遺產分配與集團經營權展開持續對抗,特別是張國華與張國政的激烈爭奪,甚至演變為法律訴訟。

國際通商法律事務所在此類案件的經驗甚多,特別的是,國際通商除了協助客戶解決爭議外,也進一步為客戶建議公司治理機制,在內部矛盾中找到平衡,以確保其在激烈的競爭中保持穩健發展,而避免因為內部權力博弈而對企業之穩定性造成衝擊。

其中一案,是台灣食品業的知名家族股東之爭,自 2003 年陸續上演了法律攻防戰,國際通商在盤根錯節的案情及充滿戲劇性的折衝當中,不僅為客戶堅持失落的正義,也讓當事人重新拾回屬於他們的心安理得。

50 YEARS FOCUS ON THE FUTURE
在地深耕 全球佈局

圖由左至右為陳玲玉、汪林祥與夫人葉淑貞。

相較於很多人印象中的大家族風波,光泉集團的故事跟很多人想像的不一樣。當事人並非每個人都貪婪爭產,但謹守本分的一方卻被無端波及,逼得他們不得不走上台前,為自己爭取一份公道。

第七章：傳承

故事跟當時爆發的情境是這樣的：

2003 年 6 月 20 日傍晚，當時擔任光泉集團總裁的汪圳泉，主動透過電子媒體公佈，他已向法院申請萊爾富破產的消息。這突如其來的平地驚雷，不但讓家族成員措手不及，也讓萊爾富員工一片錯愕。

這裡有 3 位主角：汪圳泉、汪賜發、汪林祥，3 位都是汪家的後代。

故事得追溯到光泉第一代創始人汪水泉，發跡於台北市迪化街城隍廟口。1956 年成立光泉牧場後，以自產自銷鮮乳起家。後來改組成股份有限公司，由汪家第二代的三兄弟分工合作，長子執掌生產製造，次子主持財務，三子汪圳泉則負責業務推展。

光泉集團後來陸續衍生出光泉牧場、萊爾富、光泉食品及光泉生技等事業體，都由三兄弟每房各佔三分之一股權。

第二代的大房及二房去世後，同為第二代的三房汪圳泉擔任光泉食品董事長和光泉牧場總經理，第三代的大房長子汪賜發擔任光泉牧場董事長，第三代二房長子汪林祥則擔任萊爾富董事長，形成叔姪共治的局面。

不過，基於家族倫理，叔叔輩的汪圳泉在集團經營上享有較大發言權，彼此也漸漸在經營上產生一些歧異。當時這個突如其來的破產宣告，正是三叔汪圳泉片面指出，萊爾富因經營不善、負債累累，有必要破產。

兵荒馬亂中 果斷做出應變

破產消息一出，各界立刻一陣譁然，一向低調的大房汪賜發及二房汪林祥，也被推上風尖浪口。在兵荒馬亂的狀態中，汪家第三代尋求當時擔任國際通商主持律師的陳玲玉協助，最後終於化解了這場家族紛爭。

汪林祥的夫人，也是當時光泉集團監察人的葉淑貞回顧：

那時候怎麼找到律師？其實是汪賜發的媳婦想到，她在美國唸初中時有個很好的朋友，她媽媽是律師。我們是這樣找到了陳玲玉律師。

在此之前，其實我們從來沒聽過陳律師的名字。事情發生的時候是很恐怖的，因為他們家兄弟沒有一個人認識任何律師，心裡非常著急。

當時律師的女兒洪紹凡跟陳玲玉說：「媽媽，妳一定要幫他們忙。」這句話令我很感動。就像你不小心溺水正遭逢急難，有人丟了一個救生圈給你。我們和陳律師第一次見面，就在召開記者會的大約兩個小時之前，後來才知道她是很有名的大律師。

陳玲玉也回顧了她所記得的情景：

當天傍晚6點半汪圳泉向各媒體發出「萊爾富破產」的公開聲明之後，電視報導鋪天蓋地都是這個重大消息。那時我女兒從美國打電話給我，隨即汪林祥也撥電話給我。我表示，律師接案所應辦理的委任狀，就在記者會現場見面時簽署，而且我要求必須由汪賜發（大房）及汪林祥（二房）兩房一起委任，才能結合萊爾富三分之二的股權，以便在股東會及董事會中通過重大決議案。我也請汪林祥馬上對外宣佈，將於9點半召開記者會。

當我要求大房、二房和我一起出席記者會時，汪林祥、汪賜發都說不要露面。我告訴他們，一起出席記者會，才能讓大家看到大房與二房同心，均反對三叔的「破產」聲明，清楚表達立場是很重要的。可是他倆非常害羞，即便在這個危急之秋，仍然深感為難。最後雖然同意出席記者會，卻不肯坐在我的旁邊，勉強坐在我的後面。記者會召開時，從頭到尾這對堂兄弟都沒有發言，全權託付給律師。

安定人心力量 從善念出發

第二天，果然各大媒體的頭版頭條都是這則新聞，汪家兄弟也第一次見識到被媒體包圍的大陣仗。

陳玲玉當時還有一個很重要的作用，就是安定人心。除了專業犀利之外，在緊張時刻更要安定客戶的心，為客戶帶來力量！

葉淑貞回顧當時的心情：「你一看就知道，陳律師是非常聰明的人，反應好快，我覺得這很重要，心就安定了。因為我先生他們家兄弟一向是比較內斂低調的人，前面有一個人可以當擋箭牌，就會比較安心。」

陳玲玉說：「我重視『善念』勝於『法律』。而且，律師以法律處理案件的同時，也需要安撫客人不安的情緒。」

葉淑貞跟汪林祥很認同陳玲玉的做法。汪林祥說：「那時候我們並不知道陳律師是一個什麼樣的人，但她一來，你就發現她的條理非常分明，而且什麼事都處理得很好。她話一講出來，我們就安心了。」

心定，思路就能清晰，讓事情往正面的方向走。「安心的感覺」，看來平淡無奇，但卻很重要。陳玲玉所秉持的「以和為貴」理念，可以運用在不同案件上，尤其在解決家族糾紛時特別關鍵。她真心希望，整個局面能夠處理到最圓滿，讓紛擾平順落幕。

迅速反應 降低負面衝擊

於是接下來，陳玲玉很快提出「以債作股」方案，協助萊爾富在 5 個月之內完成增資，浴火重生，解除被法院宣告破產的危機。

陳玲玉的處事理念一向是「以終為始」，尤其在處理破產案件時更是如此。當她採用這一策略並全面掌握案情後，便立即決定向社會大眾說明：萊爾富一定能正常營運，而只要維持營業，就不必走向破產。

因此她首先主張：解除「破產」的方法是「增資」，目標不只是「打贏破產訴訟」，更在於「改善客戶的公司財務」，以達到多贏局面。

其次，她以最快速度收集證據，以便當法院開庭時，可以立即向法官證明：無論是萊爾富的相關廠商或消費者，全都支持萊爾富繼續營運，讓三叔的「破產」宣告，不攻自破。

接著她也想到，銀行一聽到破產，必定會快速抽掉銀根，接著供應商也就不肯供貨，消費者也不敢上門。如此惡性循環的結果，就算沒有破產事實，也會被逼到真的破產。

陳玲玉也回顧，當時她辦理本案的神來一筆。

9點半開完記者會後，我發現「八德路的萊爾富旗艦店」正要開幕。新店開張是一個最好的宣傳，但需要做些準備，媒體才會蜂湧而至。所以，我請汪林祥立即發佈一個很吸引人的活動：在旗艦店開幕當天舉辦「1元光泉鮮乳促銷活動」。

本來鮮乳一瓶是55元，開幕當天降價為僅有1元，限量只賣1,000瓶，一人限購2瓶。結果，消費者排成長長的隊伍來搶購，記者當然聞風前來採訪。那一天，我們還做了一個戲劇效果，請汪林祥跟汪賜發穿上萊爾富制服，親自在店裡販售光泉牛乳，一瓶一瓶地遞給前來的消費者，立刻成為媒體的焦點，成為當天頭條新聞，效果十足。

當然，解除破產不能只做形象宣傳。萊爾富為證明有能力如常運作，同時做了一個很重要的決定：發信給萊爾富的400多家供應商及596家加盟店。

在那個沒有e-mail的年代，我請萊爾富提供全部加盟店及供應商的傳真號碼給我。

我以傳真發信給全體加盟店，附上一張簡單的表格，請收件的加盟店勾選：「要」或「不要」以原來的條件繼續支持萊爾富？結果在一天之內，收到99%的肯定回覆。

至於發給供應商的信，則是詢問：「願意」或「不願意」繼續供貨給萊爾富？也是很快地收到400多家的肯定回覆。

接著，我拿著這兩個非常重要的「證據」，召開銀行說明會，告知銀行：

加盟店同意 24 小時不打烊繼續服務，供應商也願意繼續供應商品，消費者則熱情支持，藉此請銀行勿對萊爾富抽銀根。整個局面也就因此穩定下來。

當然，國際通商律師團也把這些資料全部呈給法官，因為法官不能只聽律師的片面之詞，下判決書必須有憑有據。

法律做法細膩 連客戶也印象深刻

有關發給供應商及加盟店的傳真內容，陳玲玉設計成只有一個頁面，因為以傳真發兩頁不易處理。而且，一頁的信函內容，只要「打勾、簽名」，法院就可以清楚看到是哪一家供應商？或哪一間加盟店？或哪一家銀行？負責人是誰？

對於提供給法院的資訊，法院有必要時可以向中華電信查詢通訊紀錄，以證明傳真的真實性。這都是她覺得需要做足工夫的小地方。

傳真發出之後，還要回收、計算，因此國際通商的同仁們全部動員起來！如果回傳的文件內容，沒有寫得很完整，就須退回重寫，因為不能提供法院不完整的資料。只要出錯一次，法院就會產生懷疑，未來需要花更多時間去贏回信任。因此團隊成員都仔細檢查，確認 100% 正確。如此鉅細靡遺的工程，自然花費了很多精力，最後才能打出漂亮的一仗。陳玲玉謙虛地說：「我只是決定策略的人，還需要許多同事幫忙執行，才能克盡其功。」

第七章：傳承

聲請破產的案件，通常都在法院費時審理很久。但是汪家三叔申請的萊爾富破產案，4個月就被法院裁定駁回確定。最重要的關鍵，就是國際通商律師抱了上千件的加盟店及供應商的回函資料、銀行同意支持的資訊，以及消費者排成人龍購買光泉牛奶的新聞報導，呈給法官審閱。

豈料，汪家三叔的動作還不只如此。當萊爾富發出股東會的開會通知書，其內記載議程為「辦理公司增資」時，他立即向法院申請假處分，禁止萊爾富進行股東增資。由於假處分的申請人依法應向法院提供擔保金，法院裁定三叔應以 1,500 萬元供擔保，才可禁止萊爾富召開股東會。

國際通商立刻代理萊爾富向法院提出抗告。因為萊爾富擁有將近 1,000 家的連鎖店，擔保金怎麼可以只有區區 1,500 萬元？國際通商馬上計算出萊爾富的合理身價，並據理力爭，法院因此改為裁定擔保金為 7 億 5,000 萬元。這筆天文數字，讓汪家三叔無計可施，申請的假處分案因此被駁回，申請破產宣告的案件也在 4 個月後結束。

葉淑貞忍不住分享了一個她注意到的小地方，至今仍讓她印象深刻：

陳律師做事非常有方法，我發現她有一個「兩聯單」，一張「黃色」單子，複寫到另一張「白色」單子上。她以「黃單」交代律師團隊成員要辦理什麼事項，寫得清清楚楚。

我們一開始看到覺得很奇怪，後來才知道陳律師交代團隊辦事時，把一張黃單交給承辦律師，當工作完成時就把黃單送回給陳律師，陳律師就

會把相對應的白單撕掉,如果黃單未回來,另一張白單就一直保留在陳律師的資料夾裡。我相信,陳律師的同事一定很怕她檢查「待辦事項」的白單。

陳玲玉聽了,很驚訝客戶竟然發現了這個小祕密:

對!我的確有複寫的「兩聯單」!上面一張是黃單,下面一張是白單,這是我自己設計的,請印刷廠印製成一本一本以便使用。

第一聯黃單上的表格內容為:
(1) 受文者:由我記載承辦律師的姓名
(2) 發文日期:
(3) 應完成工作日期:
(4) 客戶名稱:
(5) 工作內容大要:

我每天進辦公室,第一件事就是檢查白單,看誰沒有按時完成工作?有一次我們事務所舉行年終尾牙,律師們每年趁機糗老闆。其中一個餘興節目是:有一位律師扮演 Lindy(也就是我),另外一位律師扮演偷白單的協辦律師,趁著我的祕書不在,把我放在辦公桌上的白單抽出來,用嘴吃掉。全體同仁哄堂大笑,大糗我發明的「兩聯單」。

這個為了增進工作效能而自創的管理新招,令我頗為自豪!

破產始末溯源「以債作股」化險為夷

輕鬆的觀察與互動之後，話題又回到家族紛爭的案子上。陳玲玉當時想要力挽狂瀾的，就是避免破產宣告成真。

汪圳泉當時為什麼申請破產宣告？因為萊爾富確實對光泉牧場有14億多元的欠款。但這並不是萊爾富真的產生財務危機。

前面提到，由於光泉集團是家族企業，每家公司的股東成員都一樣，各佔三分之一。但是法律規定，公司資本額如果超過2億元，就需要辦理股份的公開發行，讓第三人可以成為股東。

汪家成員為了避免萊爾富的資本額超過2億元，所以將資本額一直控制在1億9,000萬元，以維持家族公司的形態。可是萊爾富的加盟店一直增加，一方面有必要增加資本因應，另一方面又因萊爾富選擇不增加資本，因此不斷向關係企業光泉食品公司借款，以致債台高築。三叔就利用這個弱點，向法院申請宣告萊爾富破產。

陳玲玉在接案的第四天，召開了萊爾富臨時董事會，開完後立即召開臨時股東會，會中同意「以債作股」，也就是把萊爾富對光泉的負債，轉變成光泉對萊爾富的投資。

這個轉投資案，需要提出相關證據，才能憑以向經濟部申請核准。困難之

處在於，這 14 億多元是長年累月堆積而成的負債，要查清全部數字的細節與始末，是一件極為浩大的工程。這個時候，幸好找到一個很重要的幫手——羅森會計師，他正好也是汪家認識多年的熟人。

善念的力量 帶來正向循環

葉淑貞想起這段插曲，內心很有感觸：

汪林祥和羅森會計師的弟弟是五專的同班同學，求學期間經常去會計師事務所相聚，因此羅森會計師對汪林祥知之甚詳，知道他是一個良善之人。

還有一個小故事。光泉公司剛開始營業的時候，是在迪化街開了一家麵包店，後來養了 3 頭牛，才開始賣牛奶。公司經營需要資金時，就拿收來的支票去銀行貼現。汪家都是由汪林祥處理貼現並負責管錢。

迪化街的銀行就算信不過光泉，可都信得過汪林祥，所有支票貼現一定要他個人背書。因此，我們發生被申請宣告破產的困境時，過程中得到很多人幫忙。我的感想是：你的品格一定要讓別人信得過，別人才願意來幫你。如果陳律師的女兒信不過汪家人，一定也不敢介紹媽媽來幫忙。

我覺得這點很重要。我們一路這樣走來，遇到困難別人願意伸出援手，是因為有個「向善」的心念。我想讓年輕一輩的朋友知道，如果一直堅持「良善」的人生理念，當你遇到緊急的狀況，就會有人願意相信你。

陳玲玉心有所感地表示，她最重視的是汪林祥和汪賜發的人品，從彼此談話中就可以看出來。

她還想到一個小故事。

2003 年 6 月 20 日，發生破產事件。2004 年 6 月 16 日，萊爾富慶祝第 1,000 店開幕，剛好就是風暴結束後的一年。

當時台灣超過 1,000 家便利店的，只有統一超商跟全家，而這 2 家都是外人投資公司，只有萊爾富是真正的本土企業。因此萊爾富展店到 1,000 家，真的很不簡單。

1,000 家店開幕那一天的慶祝活動，有很多人共襄盛舉，陳玲玉也被邀請上台講話。她說：「希望 1,000 家店是萊爾富的地基，不是天花板！」回想起當天歡樂的心情，對比一年前的愁雲慘霧，真是兩個截然不同的世界。

陳玲玉還記得接受委任的那一天，汪林祥跟汪賜發帶來一張三叔向法院申請破產的「聲明稿」，還有兩張說不出話的臉。那時候，汪林祥說：「我的公司破產了，我還可以去做別的事，可是公司破產了，我的員工怎麼辦？」這句話令陳玲玉至今印象深刻。

陳玲玉和汪家計算過，如果萊爾富破產，受到影響的有供應商、加盟店及這些公司的員工，一共有 3,000 多個家庭。因此汪林祥說：「我的員工怎麼辦？」這話令陳玲玉非常感動。在他自己面臨被破產的窘境，還想著如何照顧員工？企業家的慈悲胸懷，最是難能可貴！

全心的信任 帶來堅定的默契

這件家族爭執的案子，雖然一開始就驚滔駭浪，讓當事人驚嚇不已，但在整個解決過程中，因為善念跟信任，而有一股無形的暖流拂過。

葉淑貞看了一下身旁靜靜坐著的汪林祥，分享了以下這段回憶：

這件事情解決之後，我們跟陳律師道了謝。陳律師形容，「她對別的客戶，是牽著手往前走；對汪林祥，卻是抱著他走！」

我是基督徒，從小就聽很多聖經故事，這其中有個故事我覺得很重要。有個人回頭看自己一生，彷彿在海邊走路，很多時候都是兩雙腳印，就是上帝跟他一起。可是中間卻有一段只有一雙腳印，他就有點生氣地問說：「上帝，祢為什麼讓我如此獨行？」

結果上帝回應：「孩子，因為那時候是我抱著你走。」

後來我們發現，陳律師並非基督徒，也不知道這個聖經故事，可是卻講出同樣的話，這讓我們感動良深。

陳律師的意思是，在最危急的時候，其實她都在保護著我們。

我覺得這件事的關鍵在於，她不只是一個專業的律師而已，她在人性上，也給我們非常大的安慰跟信心。所以整個過程，我們心懷感激，也放心將家族事務交付給她處理。

一段家族糾葛，一場茶壺裡的風暴，不只帶來了紛擾波濤，同時也再次證明了人性要有向善的信念，才能走出陰霾。

就如同陳玲玉所深信的——「面向陽光，黑暗就會在背後。」人生舞台，總在不同時空，遙遙呼應著她的處世哲學。

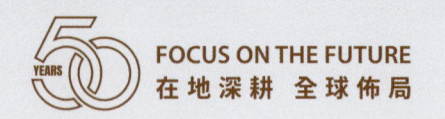

台灣、百慕達和英國最大的信託訴訟

全心投入王家世紀大案促塵埃落定

第七章：傳承

對於看熱鬧的吃瓜群眾來說，這可能只是又一齣豪門爭產風波，帶著「豪門深似海」的窺奇心情。

但對負責進行訴訟的國際通商法律事務所律師團隊們來說，卻是一件燃燒生命在做的案子。

訴訟律師最需要的特質是堅毅不拔、愈挫愈勇，才能處理長期訴訟程序，即使，有時感到疲倦或不確定，仍會自發地燃起鬥志，為了當事人的託付而日夜交戰。

本案期間長達 4、5 年，且仍繼續中。儘管國際通商法律事務所團隊們覺得身心俱疲，卻也感覺到自己正在創造歷史，直到最終迎來不可思議的勝利。

2022 年國際通商律師團為台塑集團繼承人之一王文堯，於英國樞密院贏得關鍵勝利，這是家族信託繼承案件其中之一件小信託，但該小信託涉及之信託財產金額已是台灣委託人中最高，也是百慕達和英國最受注目的信託訴訟之一；遑論尚在進行中的其他信託訴訟。

台灣經營之神王永慶、王永在兄弟於 20 餘年前設立的海外信託，截至 2022 年資產估值達到 280 億美元，任何的判決，都牽動著台塑集團的股權結構。

FOCUS ON THE FUTURE
在地深耕 全球佈局

負責王家世紀大案的賴建宏、李彥群、黃麗蓉（由左至右）表示，訴訟迎來不可思議的勝利，對國際通商來說是很大的肯定。

「2019年當事人來找我時，幾乎是空手而來，除了王永在先生的遺囑和聲明書外，什麼資料都沒有！」為了跟當事人見面，國際通商資深合夥律師黃麗蓉得先做功課，她第一個倚賴的訊息，其實是天下雜誌有關天堂文件的報導，披露了各國富人在海外設立境外公司與信託的相關資料如何外洩。

第七章：傳承

「我就用那個報導跟他們說明，家族信託被揭露的狀況，他們好訝異，從來不知道這些事情！」黃麗蓉回顧，當事人家庭的特殊背景，讓他們養成不去看這些報導的習慣，因為他們看完之後就算想反駁，也無從著手。

不過，案子奇特之處就在於，外界渲染的世紀爭產，就當事人而言，事實上卻根本不知道訴訟（爭產）細節，當事人之所以找上黃麗蓉，是因為台塑集團前副董事長王永在的大房後代，也就是王文淵、王文潮跟其他姊妹，他們的代理人拿著委託百慕達律師的文件，到王文堯這邊表示，父親的財產有海外的訴訟，要共同委任律師介入處理。

「他覺得很疑惑，沒有問到答案，覺得簽不下去。」黃麗蓉回顧當時情形，當事人對訴訟的事情都不知情，無法在訴訟委任書上簽字。「接到詢問那天，我們事務所派我去香港受訓，我在香港機捷上接到電話，回到台灣已經深夜12點了。」

「我當律師，看到當事人找你解決問題，就會像醫生一樣想趕快幫忙。」可是後來黃麗蓉還是只看到一個委任律師的制式委任書，猜不出來是什麼資料，就像大海撈針。「而且詢問了快半年，還是沒有什麼資訊。」

親自飛往百慕達 搜尋真相拼圖

由此可知，這筆訴訟難度頗高，想跟家族大房詢問資料，也什麼都要不到，所以她向當事人表示，會想辦法出面搜尋資料。

「當事人很信任我,可是他們很擔心,自己找個別的律師,會不會傷了家族和氣。」所以當事人從頭到尾都覺得要顧全大局,但又害怕自己的權利睡著,反覆思考到底該單獨委任,還是共同委任,考慮完諸多細節,還是很難下決定。

在完全無法獲知更多訊息的情況下,黃麗蓉建議當事人讓她飛一趟百慕達,找 Baker McKenzie 合作的事務所,想辦法知道更多資訊。

百慕達是否講法治?是不是可以在法庭上爭取權利?法治狀態是不是健全?律所的狀況又如何?如果要參與訴訟,該如何參與?法院資料又該如何調取?這些都是她心裡不斷浮現的疑問。

就在瞎子摸象的狀況下,她在 2019 年 8 月底前往遙遠的百慕達,見了當地的律師,也協調倫敦的皇家御用大律師團隊(2019 年前稱為 Queen's Counsel,直到女王去世後改為 King's Counsel)飛過去,進行會議討論,可是當時她手上還是沒有資料,必須開啟法律程序後,才有可能了解更多真相。

那時候黃麗蓉只知道,王永慶跟王永在在百慕達確實設立了信託,但不知道細節。當事人的理解是,王永在生前有交代已將海外財產都規劃好了,子女都在裡面,他過世後子女要共同管理。所以王文堯的理解是,有一天他和姊姊、妹妹這一房會被通知,再去行使他們的權利。

但是王永在 2014 年過世後,直到 2019 年,這件事情都沒有發生。沒有發生的原因是,王文堯這房家族被告知,王文洋在追查王永慶的遺產而訴訟,所有創辦人財產都先凍結起來,要等到王文洋的訴訟結束才會有所處理。

「當事人覺得就是等,哪裡知道,有一天大房通知被告了,要去加入訴訟,事情就是這樣開始,當事人還在猶豫要不要去加入訴訟。」

那年4月,黃麗蓉就接到百慕達律師通知:王文洋有另外一個訴訟,但到底他有幾個訴訟,也無法得知,所有媒體上揭露的素材,可能都只是冰山一角而已。

黃麗蓉表示,律師不是看新聞辦案,必須從程序裡了解事實、分析證據,思考如何主張,「訴訟並不是那麼容易,因為訴訟不是你想告什麼,或是我了解什麼,就有一定的權利可以做什麼事情。」

儘管案情混沌 加緊訴訟腳步

黃麗蓉接到百慕達律師通知:王文洋在2019年4月勝訴其中一個信託訴訟。「那時候我們正在查詢的是一筆大信託,我們不知道還有這一個小信託,再來還有沒有其他,老實說還是未知。我們被通知的,是小信託,是關於王瑞華、王文淵、王文潮、王瑞瑜等4位的信託。」

這4位家族成員透過信託公司掌控信託,他們都是董事,敗訴後提出上訴,沒幾個月就要開庭,「我們根本連這個案子是什麼內容,都不清楚,必須趕快加入訴訟。」

於是黃麗蓉先從王文洋的訴訟律師團隊理解辯論方向為何,再加入由國際通商領導的御用大律師團隊的辯論方向,結果二審吃了敗仗。小信託被判

敗之時，必須準備上訴至英國最高法院的樞密院，而主要訴訟在當時也開始推進，整個法律戰打起來，規模非常龐大。

上到英國最高法院樞密院的小信託，規模雖然不若主要訴訟龐大，台灣律師團覺得要非常認真以待，因為樞密院是只講法律、不能再爭辯事實的地方。「我們知道，在一審、二審，很可能有一些受法庭法官自己的審判心理、審判政策主導，但是最高法院比較重視法制的通則性，影響很大。」

在英國最高法院獲判勝訴的背後原因，黃麗蓉認為，是訴訟團隊在明知不可為而為的情形下，成功重構了事實的角度，使之具備法律通則的外觀，打動了最高法院 5 位大法官。最高法院 5 位大法官的背景都是偏向信託跟遺產方面的法律專家。反之，在百慕達的二審，法官背景比較偏商業法律，一審法官則比較偏信託法。

至於對當事人來說，遺產的安排本來很單純，就是他知道父親有海外財產，已經做了一定的處理，並且留有遺囑和聲明書，交代將來由兩房後代共同管理，「共同管理」的精神是什麼？「我的當事人是謹記王永在先生的教誨，他是很厚道的人，他們認為賺取再多的財富，也不能全部據為己有，要用以繼續經營企業，所產出一定要有一部分回饋社會，二者缺一不可，才能生生不息。」

看到當事人真性情 協助爭取應得公理

「我這樣說，並不是在美化我的當事人。」王永在生前設立的「王詹樣社

會福利慈善基金會」，是以他的母親為名。王永慶設立「公益信託王長庚社會福利基金」，是以他父親為名設立。

這些慈善基金跟信託都是公益性質，所有「王詹樣社會福利慈善基金會」投入的公益活動，過去都是王文堯去執行跟出席。王文堯很願意，也覺得投入這些活動很光榮，但是他參與訴訟之後，就不再被邀請參與這些活動。

黃麗蓉接著娓娓道來，她處理這個案件的過程、觀察與心路歷程。

王文堯家族來跟我談的時候，我也分析，當事人若打這個訴訟，會不會讓人覺得很貪婪？事實上，當事人覺得，事情應該要回歸他父親王永在原本的意志去執行，王永在留下了遺囑和聲明書，白紙黑字的殷殷交代，權衡「維護父親的意志」與「自己被誤解」兩者，想到他們對父親的尊敬與至愛的情感，當事人便勇於決策承擔了訴訟的壓力。他父親並不知道他的後代不能從信託受益，更不知道只有二代中的4個人可以去管理這些財產。反之，這些海外財產從設立至今，幾乎沒有在做任何公益，當事人覺得這是不對的。

小信託已經勝訴確定，但主要訴訟仍在進行中，未來是何結論還不知道。但對國際通商來說，它的指標意義就是，我們團隊多年累積的經驗都要發揮在這一戰。

為什麼覺得小信託的勝訴確定很與有榮焉？因為我們不會跟王文洋律師團隊的策略衝突，但又能有自己的理論出來，我們走自己的路，所以更珍惜這一次的勝訴正義。這表示我們的策略是對的，我們的理論不能說有多完美，但重點在於，重構卷內事實，進而做出不同層次的攻防論述。

有人可能會問,什麼是小信託?它是一個有受益人的信託,受益人是王永慶跟王永在的子孫及其後代子孫,但並沒有指明是誰,只講後代子孫。

受託人王瑞華、王文淵等人表示,2005 年,這些受益人已經被剔除掉,所以取消全部受益人的權利,而把另外一家信託公司加進來當受益人,之後把財產全部歸給這個受益人(又是由該 4 位全權管理的信託),再把這個小信託解消掉,而這些是「台塑兩位創辦人指示的」。

但是,王瑞華自己說,她舉不出創辦人指示的證據在哪裡。

我方主張,受託人並沒有權力去做以上這些動作,根據信託法、信託契約,他們沒有權力這樣做。所以我方後來用「不正當目的」(Improper Purpose)這樣的角度去主張,這個策略也是綜合了背景資料以後,找到的最適當切入點。

英國信託法的基本原則是,受託人必須根據信託條款跟信託目的去執行權限,信託契約第八條是最關鍵的,受託人有權增加跟刪除受益人 (power of trustee)。而本案受託人就是主張依據第八條刪掉了受益人,並且說有創辦人的指示。

思索正當角度 尋找最佳主張切點

這樣看起來,好像受託者有權把受益人全部刪掉。

但我們律師從英國法的觀點認為，從目的來看，這個權力應該是要有忠實義務存在的，這個忠實義務是什麼，要忠於這個信託的目的。

他的目的是，如發現有浪費或行為不端，可以將受益人移除，但若將全部受益人移除掉，連王家還未出生的後代被此信託保障的利益可能都會失去。所以它背後有一個目的性解釋，目的要正當，要看做這件事情的正當性。

所以我們有 4 個主張，受託人的權力必須是本於忠實義務而存在的，或是其行使符合正當目的，才能增加或刪減受益人，行使這個權力的目的，必須是為促成這個受益人團體的數人或多人的利益，但若把他們全部都消滅了，這道理說不通。

所以我們最後一項主張是說，這 4 位受託人行使第八條權力，其目的是破壞，而不是增進受益人的權益。

贏得樞密院判決 反思台灣家族傳承議題

由於樞密院的判決不能被推翻，不能再上訴，是確定勝訴判決，所以對當事人而言，這個判決具有很重大的意義。黃麗蓉繼續說明：

假設我們沒有參與這個訴訟，當事人根本不知道曾經有這一筆小信託存在過，那這 4 位受託的家族成員永遠都覺得他們做什麼都是合法的。

第二個重點是，這對我們台灣信託法有很大的啟發，台灣法律界、財務業近幾年在鼓吹一個新的產業，叫家族傳承（家族辦公室），其中一個重點是鼓勵大家去設信託，可是我們台灣沒有像外國那麼發達的信託產業跟機制。

首先，我們沒有像國外那種歷史悠久經驗豐富的專業信託業者，我們有銀行，銀行跟你收取手續費，有的銀行會幫你操作信託裡的錢，但是一定會賺錢嗎？不一定。外國法制下，對受託人的權限是有很多限制的，仍免不了受託人胡作非為的例子，我們從法院案例上看到不少被追訴成功的。所以在受益人或委託人根本不知道信託到底是如何操作的情況之下，貿然投入信託，其實也有相當的風險。

可是你說信託好不好？的確，客觀環境如果配合，它是一個好的機制。所以很多家族，他們信託的財富有留下來，在英國，很多文化遺產都是信託在做管理，所以很多人、事、物會一直流傳下去，受益的不只是後代，它對家族、人類的文明與價值也很有幫助。相對而言，我們台灣的客觀環境還有可以加強的空間。

受託人要很專業及忠誠，如純粹倚靠解讀信託條款說文解字，就說文義上說他可以這樣，他就做了，可是20年後法院判決認定他那樣做是無效的、或違法的，是不可以的，所有受益人都必須回復他們的受益權，這將是很大的變動，假設那些錢已被浪費掉，就是無以回復的損害。

所以對台灣來講，我們如果沒有發展出專業的信託業者而純粹倚靠銀行，如果沒有法院針對信託法在個案中做出專業見解，可能難以讓信託業務發達起來，在國內生根。

因此這樁家族傳承案件有一個非常直接的啟示就是，信託的管理跟它的發展，需要時間去醞釀驗證，而從業人員，對於信託的本質是什麼，應該如何去處理，必須經常借重國外的經驗。

那你會想，為什麼這案子還要打這麼多年，還要打到英國最高法院？我也有這個疑問，問過御用大律師好幾次。

在王家案子裡遇到的困難，是因為百慕達和英國是判例法國家，他們也有實定法，可是實定法背後，一定要參考判例法，而且判例法還要適應各個個案的事實，有可能要好幾個判例法合組起來看。

王家的案例可能會形成英國很重要的判例，至少在小信託這個案例，它不只是在倫敦大轟動，亞洲的信託界也紛紛開學術研討會討論，將來的主要訴訟，更是對英國信託法制非常重要的案例，不是只有遺產該怎麼分配的問題而已。

勝訴得來不易 國際通商團隊值得肯定

小信託在最高法院樞密院得到勝訴判決，對國際通商來說是很大的肯定。黃麗蓉特別有感：

尤其我們台北的3位主要訴訟律師，包括所有文件的解讀、策略的建構，全程都有參與，不是只幫當事人聯絡海外的律師，然後讓他們把菜端給我們；他們有他們的菜，但我們有加自己的調味進去，讓訴訟的準備更為充分。

這個案子同時也體現了國際通商的優勢，第一，台北的律師必須比國外律師更勤奮，我每天在台北6、7點醒來，就是先看電子郵件，然後大概8、9點，就開始把昨天晚上累積起來要做的工作，跟我台北的團隊把應辦方向梳理一番，在倫敦開張之前就電郵回覆，長達4、5年的時間，每天都是這樣。

台北晚間，我們就電郵回覆之內容，再與倫敦、百慕達三地進行視訊討論，口頭說明並交換意見，然後再一次，海外律師要修改文件，然後半夜傳給我們，隔天再周而復始循環，每天都在上演這些事情。給客戶的報告及討論不拘形式，也幾乎是天天時時刻刻在進行。

小信託的上訴期間和主要訴訟的進行期間有一段重疊，主要訴訟在2021年4月至9月間進行了為期80天的遠距視訊審理，我們台北律師每天台北時間大約是下午5點開始至凌晨3、4點全程參與開庭，且持續執行前述的庭外例行工作。

國際通商律師團隊不只勤勞，掌握全局，也很有方向感，攻防的論點最貼近事實，因為我們當事人能夠和台北律師緊密聯繫，彼此互相配合確認。

第二，台灣的律師講求精準跟綜效，我們要跟當事人溝通，還要想辦法把當事人講的事實去蕪存菁，以便向法院主張。

國際通商是國際性的事務所，律師們對商業環境的掌握度是我們的基因，訴訟團隊在該基因下的後天培養，很重視本土訴訟這一塊，在訓練上，大概都有一種好勝的心態，就是只能贏不能輸，所以要窮盡一切努力去說服法官、說服法院，想出策略，而且要儘量達到當事人的目的。

這種訓練很重要，黃麗蓉說，她被如此訓練了 20 年，有些前輩 30 年、40 年，陳玲玉律師 50 年了，前輩辦訴訟案都是展現絕不能輸的氣勢。國際通商律師在這種訓練下養成，對於跨國訴訟當然也是一樣的精神，用一樣的思維跟步驟去做。

本案雖然資料奇缺，但國際通商有辦法很快進入狀況，小信託還能跟隨腳步打到最高法院，憑藉的就是台灣訴訟律師的訓練，再加上律師團隊諸如兩位合夥律師賴建宏、李彥群都正值 40 壯年，他們的訓練剛好是最成熟，體力又很好的時候。

跨國合作也要展現調度與宏觀的能力及執行力、堅持達成自己的論點，黃麗蓉就是這樣精準執行當事人的意志。在倫敦和百慕達配合的律所，也都是當地最負盛名的一流訴訟律所，黃麗蓉說，要能在國際菁英律師團中統籌、商議並決策，沒有獅王般的能力與氣勢，是辦不到、做不好的，會變成各行其事一盤散沙。

經歷過本案，國際通商律師們覺得更加自信，跟國外律師的能力相比，台灣律師毫不遜色！

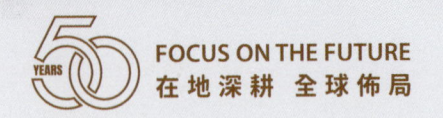

50 YEARS
FOCUS ON THE FUTURE
在地深耕 全球佈局

親愛的董事長們
我們也做好傳承了

上市公司以「利他」落實企業傳承

（本文內容由邱佩冠律師／會計師提供）

第七章：傳承

根據統計，台灣企業中約有七成屬於家族企業，在我國經濟發展中扮演著舉足輕重的角色。然而，隨著時代變遷，家族企業面臨接班的挑戰，如何順利傳承至下一代、甚至轉型而茁壯，對家族企業的永續發展至關重要。

首先，傳承過程中，如何在家族成員之間公平分配權力及資源，是許多企業家心中的痛。差異太大可能引發家族內部衝突，平均分散又可能削弱企業原有之競爭力，尤其股權方面的分配，實涉及公司法等許多規定及實務運作，非常繁雜。

再者，不同世代的價值觀等難免有所差異，相對於創業者強調穩健經營與個人經驗，下一代則傾向創新與國際化。這種價值觀之差異可能導致內部決策衝突，甚至引發分裂。但若家族企業下一代可以善用數位化與全球化的優勢，將能帶領傳統家族企業轉型為具有國際競爭力的現代化企業。

此外，許多台灣家族企業尚非專業經理人管理體系，家族成員未必具備該企業所需之專業背景，可能難以應對市場的變化與競爭壓力。而且，若集中各方面管理於家族內部，也可能限制企業的創新、多樣性及人力發展。

家族傳承常涉及複雜的財務與法律問題，家族企業需要建立專業化管理機制，引入專業經理人，並建立值得信任的外部顧問團，降低家族對日常經營的直接干預，讓企業運作更加效率化與透明化，透過及早的規劃，訂立明確的傳承制度，包括資產配置與決策權限的分配，降低不確定性帶來的風險。

國際通商法律事務所在其家族傳承相關法律服務方面，有幸見到了許多卓越的企業家，他們擁有宏觀而前瞻性的觀念，對於世代交替也有更開明、更先進的做法，並且能培養內部人才及運用外部顧問，做完善的事前規劃。

台灣家族企業的成功傳承不僅關乎個別企業的存續，更影響整體經濟的穩定與成長。唯有在尊重創業者精神的基礎上，結合專業化管理與創新思維，台灣的家族企業才能迎接未來挑戰，實現永續發展。

國際通商的邱佩冠合夥律師（以下稱 Peggy）回顧其團隊如何協助客戶傳承接班，其中的一些案例值得許多企業在面臨接班議題時參考。科技公司劉董事長的家族憲章是「利他」，他希望參照比爾蓋茲，以「利他」作為公司的治理哲學。

邱佩冠表示，在劉董事長的邏輯裡，公司不是他的「家業」，只有「利他」才能讓公司永續生存，因此他個人非常重視「利他」導向的公司治理，具體的作法則是「與員工共治」。

傳承最重要的價值是「理解」

Peggy 和劉董事長第一次見面談家族傳承時，是 COVID 疫情最嚴峻的時候。還記得在遠端視訊的螢幕裡，劉董開門見山就說，「四大會計師，我大概都問過了。」Peggy 笑著回憶說，此話一出，她的心情反而輕鬆起來，因為國際通商不會是唯一沒接下這案子的事務所。

那時，剛好國際通商在處理一些已經傳到第三代的信託案，團隊們便和董事長分享他們認為什麼是最重要的傳承價值。

團隊認為最重要的價值是「理解」。

就這點，劉董事長早在接觸國際通商之前就已經身體力行了。邱佩冠指出，劉董一直藉著召開家庭會議，讓家人理解他的「利他」想法。在這個階段，國際通商的角色比較像是「陪伴」，因為每次開會，Peggy 都覺得他心中已有定見。

第七章：傳承

疫情解封以後，國際通商終於能走出螢幕，近身認識劉董事長。在一次團隊因故未及參加的座談時，劉董事長對在場的銀行界各家代表出席者，大大地誇獎了國際通商團隊。與會者事後告訴國際通商的律師，邱佩冠漸漸確認，劉董與國際通商已經進入相互「理解」的階段。

接下來，雙方的合作快速展開，劉董事長跟國際通商分享了更多心中的想法，還有他傾心的默克家族傳承模式。

Peggy 想起一段有趣的軼事。那時已是中秋時分，在桌上許多秋節禮盒中，有本書上寫著：「For Peggy 律師，好書分享學習」，原來，祕書把董事長的贈書當成中秋禮盒了。邱佩冠笑說，若是能成為董事長的「書友」，又何嘗不是最好的禮物呢？

以相通的理念做好影響數代的家族傳承

邱佩冠說到她執業過程的心情說，「家族傳承」這塊業務很低調，其他業務的承辦律師可以大聲地說：「我們這個案子又要成為 Deal of the Year」。她語調沉靜地慢慢說出：「傳承這種事，需要低調；帶著專業，彷彿就自帶著引路的微光。」

另一位讓 Peggy 印象深刻的是高雄的楊董事長。楊董每次來開會，國際通商團隊問他對財富規劃的想法，他總是面露愁容；但請他分享創業成功的故事時，他的表情馬上變得神采奕奕。楊董告訴國際通商，「我小時候生活很苦，連鞋子都沒得穿，但家裡供我讀書」，所以楊董最重視的就是

「教育」。和楊董的家人相處之後，Peggy 看見楊董下一代的儉實及熱中慈善，看見他在家族中成功做好了教育的工作。

有一次，Peggy 和同事受邀去高雄參加「路竹新益」的 60 週年慶祝晚會。他們這才知道，全世界的機械產業都需要台灣的螺絲，而路竹新益這顆「小螺絲」提供了全世界機械運轉的能量。邱佩冠說，從科技到傳產，從北到南，看到客戶茁壯，國際通商身為他們的律師，倍感光榮。

邱佩冠特別提起事務所的特聘資深顧問汪士邁（以下稱 Michael）常說的一句話：「不只客戶選擇律師，律師也選擇客戶，特別是在家族傳承這個領域裡。」如果理念無法相通，就無法對這家人的世世代代負責，畢竟傳承不是一個做完就結束的案子，也不只涉及一代，甚至不僅僅是處理在台灣的法律而已。邱佩冠說，企業家的後代在哪裡落腳，那裡就有我們的足跡。

Michael 和前高鐵董事長一家三代相識多年，至今還會被諮詢當年董事長父親的創立理念，就是因為國際通商多年來秉持的專業及對客戶的尊重。

另一個讓邱佩冠難忘的客戶，是一間拒不上市的優質公司。他們為了永續的傳承機制，遠赴歐洲扎根，畢生心血是將照顧聽損孩童的基金會能夠發揚光大，並將公司交棒給員工，而非家人。

做家族傳承，可以接觸到許多感人的故事，但也有讓人緊張的時刻。有一次邱佩冠參加國際通商榮譽顧問陳玲玉的新書發表會「如果愛是答案，問題是什麼？」，在人山人海中竟見到熟悉的身影，那是氣質出眾的柯太太，她匆忙中對 Peggy 說了一句：「那件事，我決定要辦一辦。」幾天後 Peggy 做了一個惡夢，夢到她還沒處理柯太太的「那件事」。嚇醒以後，回過神來，才想起前幾天已經把「那件事」做好寄出信了。

Peggy 說，做家族傳承的案子大概都是這樣的牽掛心情，她必須時時把很多客戶口頭交代的「那件事」一直放在心上。她知道，無論是大事、小事，都是不能耽誤的事。

國際通商的客戶並非都是某某董事長。她和團隊做過最奇特的案子，是一位美國老太太，她花費鉅額律師費，只是請他們照顧她先生的健康，尤其「不能讓我先生去買菸」。Peggy 忍不住笑著說，「Smoking kills. So we kill smoking.」

有一位客戶是歐洲外交官，他為他的台籍夫人留了一個信託，其中要求每半年要去老人院陪夫人聊天。Michael 每次都會選幾本書和她分享，而 Peggy 就聽她講照片裡的故事。老夫人在疫情期間過世，Peggy 一直遺憾無法去弔唁。

如今，也輪到國際通商自己要傳承了。事務所即將邁入 50 週年，Peggy 想起每次帶團隊的 Daniel（周修平）見客戶時，因為他又年輕又帥，有時候客戶會覺得「是不是太年輕了點？」Peggy 這時就開玩笑說，「如果有一天我們不見了，就找他。教別人傳承之前，我們自己已經做好傳承了。」

每次要向外人解釋家族傳承律師在做什麼，Peggy 總感覺一言難盡。她都會這樣告訴客戶，如果連傳承律師都無法信任，這世上就再也沒有值得信任的人了。

佛教高僧圓寂時，會留下舍利子；做家族傳承的律師，會留下什麼呢？

Peggy 想一想後回說：「應該就是基督教說的『喜樂』吧！」

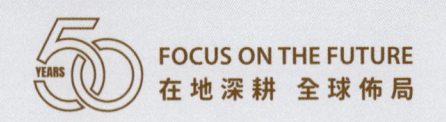

FOCUS ON THE FUTURE
在地深耕 全球佈局

ESG 與地方創生

國際通商與客戶從不缺席

（本文內容由邱佩冠律師／會計師提供）

第七章：傳承

「傳承」是百年大業。需要一脈相承的不只是財富，還有真正值得永久流傳的理念與堅持，就像日本人所說的匠人精神。

隨著全球日益重視 ESG（環境、社會與公司治理）的落實，企業如能以「地方創生」計畫與 ESG 雙向融合，可將地方創生成果納入 ESG 報告中，透過具體指標，如增長地方就業率以解決人口外流、碳排放減少數據、緩減或逆轉經濟衰退等，既可展現企業對地方的正向貢獻，提升企業的社會認可度與品牌價值，促進自身的永續發展，也將對在地社會與經濟產生深遠影響。

地方創生注重利用地方資源的獨特性，而非過度開發。企業可以透過能源效率提升、綠色建築或再生資源利用等方式，推動地方的環境保護與資源永續。

地方創生重於促進社會凝聚力與居民福祉，而非救助、給予。企業可透過培育地方人才、促進在地就業及支持社區活動，增強當地自發的能力。

地方創生需要長期穩定的承諾與透明的參與機制，而非黑箱的慈善募款捐款，以確保利益相關方的參與，並推動公平與負責任的決策過程。

國際知名的地方創生案例，如星野集團結合 ESG 與地方創生理念，對偏遠地區的傳統溫泉旅館進行改造，不僅保護了地方文化資產，還創造了大量就業機會，吸引更多遊客流入，促進地方經濟繁榮。

台灣企業也具體實踐，例如友達光電以 ESG 為基礎，支持偏鄉學校的教育科技發展，並導入太陽能設備，為當地提供綠色能源解決方案，兼顧環境與社會效益。

國際通商法律事務所在協助台灣企業界進行「傳承」的過程中，也協助客戶落實 ESG 與地方創生，許多客戶多年來早已默默在各地實踐這些現代風行的概念，為不同類型「傳承」所做出的各種努力，國際通商以他們的法律專業及對客戶的真心感佩，記錄了 Baker McKenzie Taipei 國際通商的客戶如何為台灣這片土地扎下豐富的生命力。

第一次聽到「地方創生」這個名詞，國際通商合夥律師邱佩冠（以下稱Peggy）清楚記得是出自前國發會主委陳美伶，意思大概是，台灣城鄉差距的解方，並不是叫每個人都要補習考上台大醫科，而是提供一個環境，讓每個系的畢業生都能找到自己喜歡的工作。

一直到柯文昌董事長賢伉儷邀請Peggy和Michael（國際通商特聘資深顧問汪士邁）參加台東池上的秋收稻穗藝術節，Peggy才真正體會到「地方創生」的震撼力。

Peggy認為柯董事長是台灣創投界的傳奇人物，因為他與國際通商榮譽顧問陳玲玉律師的深厚友誼，Peggy和Michael才有機會以「家族傳承」律師的角色，進一步認識柯董事長所創立的台灣好基金會。

Peggy解釋說，家族傳承有一個環節叫做「家族辦公室」；家族辦公室有一塊「慈善」（Philanthropy）的領域，這個領域連結到聯合國SDGs的17項永續發展目標。它在家族傳承的領域裡，已經跳脫「資助」（Donation），而是希望發展出「慈善投資」和「技術移轉」，讓所有的慈善活動成為一種永續投資。

以SDGs的首要任務「跳脫貧窮」（No Poverty）為例，純粹給錢是解決不了問題的。再有錢的家族，都沒有能力裝滿窮人的口袋，但他們有能力教窮人怎麼脫離貧窮。

Peggy知道這麼講很玄，她用柯董事長的「台灣好基金會」為例，說明慈善事業怎麼做到「技術移轉」。

第七章：傳承

柯董事長是屏東潮洲人，但他創設的台灣好基金會，卻是從台東的地方創生開始。為什麼選台東呢？柯太太告訴 Peggy，因為台東是非常特別的地方，作為台灣的後山，台東人有自成一格的文化尊嚴。

柯太太對 Peggy 說，「如果你像我一樣，在秋收後去台東的伯朗大道走走，就會發現整片稻田一望無際，看不到任何一根路燈或電線桿，金黃的稻田和雄偉的中央山脈一氣呵成。」柯太太說，當年政府曾經要幫他們裝路燈跟電線桿，被台東人回絕了。「因為這樣很醜！」他們這麼說。

Peggy 笑著問：「美麗的代價就是活在黑暗中？」

的確，電線還可以地下化，但沒有路燈，生活會很不方便，但這是台東人對美感的堅持。柯太太說，因為這樣的堅持，台東人必須團結，畢竟一塊田沒有燈是一個人的事，但整片田都沒有燈，那就得靠眾人凝聚共識。

台東人的團結，感動了柯董事長和柯太太，結下迄今 16 年的緣分。

Peggy 和 Michael 今年去了池上藝術節。柯董事長的好朋友們，包括和碩童子賢董事長、貿聯梁董事長等大老闆，都親自飛到台東，足見柯董事長的好人緣。這場演唱會由陳鎮川導演親自坐鎮，田馥甄、許富凱就在無邊無際的稻海中開唱。

Peggy 回憶說，那天恰好是颱風後的豪雨日。出發的前兩天，有架飛機到了台東，卻因為豪大雨無法降落而折返。所有支持柯董事長的人，是在這樣的風雨下到了台東。

出租車的司機對 Peggy 說，因為這個藝術節活動，台東的飯店都客滿了，演唱會也一票難求，完全就像是韓團過境才有的景象。

到了現場，Peggy 本來怕在一望無際的稻田中找不到入口，結果是她多慮了，因為台東池上國中的孩子們，從賣票口幾百公尺的遠處開始就站了整排，精神抖擻地喊著歡迎口號，連續喊了一個多小時。

「光是聽著他們的吶喊，我感覺我自己的喉嚨都啞了，但他們臉上毫無倦容！」Peggy 彷彿看到孩子們臉上寫著驕傲：「世界各地的人，都來我們台東聽演唱會了！」

天公不作美，活動一開始，雨就大了起來，即使穿雨衣也是全身溼透，但工作人員護著室外昂貴的音響，攝影師下半身泡在水裡拍攝，場內外幾百位義工在大雨中跑來跑去。Peggy 看著這些人無懼風雨地付出，還沒坐下聽演唱會，她的眼眶就紅了，也分不清楚臉上是淚是雨。

歌當然好聽，更感動的是散場後。

Peggy 回憶著說，主辦單位安排了 10 幾間流動廁所，她原本怕髒，不敢進去，後來發現每間廁所前面，都有一個拿著拖把的小朋友，一個人進去就拖一次地，還叮嚀 Peggy，「進去記得鎖門；沒有鎖門也沒關係，我在外面幫你看著」。廁所乾淨無異味，孩子的童言童語更讓 Peggy 覺得窩心。

看到他們快速又熟練的動作，Peggy 忍不住偷偷問柯太太，孩子們是來賺零用錢的嗎？柯太太說，這些孩子都是自動自發來的，而且報名踴躍，還

第七章：傳承

要經過校方甄選呢！他們有學長姐的傳承，把這個活動當成是「台東聖火」在傳遞。

那天晚上吃「辦桌」，Peggy 坐在柯太太旁邊，柯太太跟 Peggy 說了這個活動的緣起。秋收藝術節辦了 16 年，剛開始是台灣好基金會全部包辦，後來逐步移轉給台東縣池上鄉文化藝術協會。有著「台灣創投之父」美譽的柯董事長加入之後，運用他的人脈，賣力做他最擅長的募資。

台灣好基金會的「技術移轉」成功了，現在台東人有能力自己辦國際活動。接下來，柯董事長要回他的故鄉屏東，複製他的「台東經驗」，甚至把觸角伸到苗栗。Peggy 佩服地說，就像做創投一樣，柯董事長總是把握時機「出場」，把錢投到下一個鄉鎮，幫助他們做出自己的地方特色。

Peggy 認為，現在有太多人常把 SDGs、ESG 這些口號掛在嘴邊，更重要的是，必須身體力行、捐錢出力，最後還能「技術移轉」，找到讓慈善永續經營的方法。她很驕傲地說，這就是 Baker McKenzie Taipei 國際通商的客戶！因為有柯董事長這樣令人尊敬的慈善先行者，也讓我們身為他的律師覺得無限光榮與驕傲！

# 第八章：展望未來

合作金融科技創新園區
創新服務 走在金融科技最前端

身處 AI 時代，幾乎所有產業都不能置身其外，未來人工智慧，如網路、無線通訊科技等，已經帶來全面性的產業變革。

各國 AI 法規雖然方向不同，但多集中於法規落地、技術變化應對、如何兼顧產業競爭力及監管發展等。例如美國，其偏向產業驅動，關注國安與市場競爭，監管政策仍在發展中。歐盟之法規最嚴格，以風險等級管理 AI，但可能影響創新與企業成本。日本以自律為主，監管較寬鬆，但可能面臨合規性問題。至於台灣，我國法規仍在研擬發展階段，需兼顧產業發展與國際標準的接軌。

在如此浪潮之中，台灣「金融科技創新園區」誕生了，它不只聚焦金融科技日新月異的演變，而且強調創新，成為產業推手與創意孵育基地，也搭起科技與行政體系、金融產業、甚至法律等不同領域的橋梁。

國際通商法律事務所在與時俱進的企業精神中，積極與「金融科技創新園區」合作，除了藉由強化新創產業鏈結，做出法律服務創新，也參與推動包括 AI、金融等相關法案，持續走在金融科技發展最前端。

走進與台北南門市場正對的仰德大樓 13 樓，電梯門一開，迎面而來的就是五顏六色的繽紛傢俱，開放式的共享空間，還有獨特的新創公司氛圍。

法律與金融科技，乍看風牛馬不相干，但當它們在這處「金融科技創新園區」相遇，激起了一些意想不到的火花。

國際通商在園區於 2018 年啟動時，就與之合作，當時是因為園區在輔導新創團隊的過程中，遇到一些法律問題，因此雙方有了接觸。

關於雙方合作的起始，國際通商資深合夥律師胡浩叡回顧：

金融科技在發展的過程中，會遇到一些模糊的界線。開發金融服務，有可能會遇到相關的法律責任問題。主管機關及園區一直很強調「負責任的創新」；只要講到「責任」，「法律責任」就是首要的議題。

所以，我們一開始是對新創團隊進行輔導，因為他們對法規的認識比較粗淺，有些人可能甚至完全不知道法規的內容，因此，透過由國際通商的輔導，去觀察他們所發展出來的商業模式，本身是不是會面臨法律問題。

我們律師會協助進行分析跟檢討，所以在做的其實是「法規健檢」，探討應用在金融產業的嶄新商業模式，所使用的科技是不是有可能踩到一些金融業、法律界的紅線，這是雙方互動的緣起。

在這個過程中，我們看到一個現象：科技走在很前面，但法律卻遠遠落在後頭，沒有趕上新科技的速度，所以國際通商的律師團隊也思考可以怎麼在法規上做哪些調整，提供一些相關建議。

例如，我們會協助新創團隊去向金融機構、主管機關（金管會等）提出一些建議，提醒他們有相關的法律問題出現，需要注意未來發展，我們也像醫生一樣，做了門診後，從問診中得出判斷，再跟主管機關分享我們的意見。

畢竟新創產業跟監管單位、金融機構的語言可能完全不同，我們會用一些經驗或知識去輔導，搭起橋梁，因為主管機關很重視法規，無論什麼樣的創新都絕對不能違法。身為律師我們可以為主管機關分析這些商業模式，跟他們分享符合什麼法律規定。

而由律師主動做這件事，對我們也是一種學習，因為以前律師是坐在辦公室，客戶有問題再來找我們，現在我們反而走到第一線，主動去了解新型態的商業模式、新的創意跟想法如何發展。

再以醫生這個比喻來講，傳統上是發生問題要打官司了，再來找律師治病。但是現在不一樣，律師本身便參與更前端，進行健診，知道如何以預防醫學防範未然。

之所以需要防範未然，也是因為金融產業影響層面很廣，所以更需要早些預見所有可能的風險。這跟以前很不一樣，本來屬於很後端的事，現在要提前注重防範，不然等到發生再來打官司，為時已晚，傷害跟痛苦都已造成。

從另一方面來看，任何人都不希望扼殺科技的創新，如果它在發展的前端，就知道如何轉換一下，也許就不會踩到紅線，我們律師就能幫助他們做得更好。所以即使對律師來說，這也是很有挑戰性的事。

我們要先去了解這些商業模式跟新的金融科技，而且跟金融領域新創業者產生交集，是滿有趣的經驗，因為像國際通商這種大型事務所，基本上我們的客戶也都是較具規模的公司，本身有完整的商業模式，但是一談到創新，可能不是他們的優先考量，而是以「穩定」為先。

反觀新創產業卻剛好相反，它強調創新，包括新的消費者體驗、新的生活體驗，的確跟我們的大型企業客戶很不一樣，我們也從他們身上學到很多。國際通商本身因為擁有國際性的網絡，例如我們跟美國、歐洲、新加坡的同事交流後，可以把一些國外的經驗帶回台灣，跟主管機關說明解釋，帶入國際上一些相關的金融科技、法律議題。

懷抱使命感 參與金融法規的成形

同樣投入輔導新創產業的國際通商合夥律師邱佩冠也回顧，園區一開始成立時進駐的新創業者只有 20 家，現在數量已經超過兩倍以上。此外，類型也愈趨多元，至少包含借貸、智能理財、區塊鏈、不動產、保險科技、法遵科技、支付等金融科技 FinTech 領域，展現出蓬勃發展的氣象。她指出：

國際通商最早會與園區產生連結，是因為有一個檢調調查，於是園區來找我們，問我們可以幫忙嗎？這也算是我們在這塊領域的「創新」，以前我們是等客戶前來委託訴訟案，或是提供法律意見，現在是有人來問我們，可以提供什麼服務？

所以我們要思考服務的內容，於是就想到「健檢」，其實這本身就是一個創新，由律師提供健檢服務。

接下來又有「監理門診」，本來的做法是，新創團隊的主管機關讓新創團隊可以有機會提出問題，後來主管機關建議，你們提問之前，可不可以先讓律師或園區團隊幫你們釐清及調整問題，因為有時候換一個方式問，就會有完全不一樣的答案，所以建立了另外一個「會前會」，這也是創新。

有了「會前會」之後，效率變得很高。最近，我們帶新創團隊去新加坡金融科技展，又是另外一個創新。我們把 7 個國家的 Baker McKenzie 律師集合在一起，讓國內外的團隊，包括台灣的新創團隊，直接向各國律師提問，聽聽律師分享每個國家的金融科技發展與法規更新的狀況。

所以，我們每年都在做不一樣的事情，我們會發想，如何幫助金融環境發展得更好，發揮律師本身的創意，也是我們在這裡學到的改變。

如非身處金融科技或 AI 產業，有些事可能難以想像，我們在園區「新創」了也許幾年後才會在市場上出現的服務，在這個過程裡也得到成長。所以你會看到，我們在這裡討論的議題，過了數年以後，法規漸漸得以訂定讓產業適用，但大家不知道中間經過了多少的磨合。

舉個例子，提到某些議題，主管機關可能有疑慮，但是我們會去持續調整，看主管機關能否接受，讓主管機關開始覺得，這好像是可以做的。譬如比特幣的託管，我們新加坡的同事也在協助新加坡的金融業進行這個業務，一開始大家聽到就覺得擔憂，讓銀行去跟虛擬貨幣結合在一起，這樣好嗎？但可以不斷透過溝通，讓主管機關了解，事實上也並非全不可行。

對很多議題跟金融服務，政府和民間是必須要不斷溝通的，能夠有機會持續用國外的例子去協助溝通，我們律師也很興奮，在這裡可以看到未來 5 年的可能發展，這對我們來說就是最大的獎勵。

而且，面對這些新科技的發展，我們律師的心情很不一樣。過往執業是去看各種已成形的法條，思考怎麼解釋它，或是協助客戶打官司與協商。但現在是法案跟法條都還沒成形之前，就能早一步去推想未來的金融市場，應該要有什麼樣的法規去監管，讓整體金融環境能維持穩定的秩序。

所以這個感覺是很不同的，一個是法案都已經完整了，你再去解釋它，另一個是還沒有成形，你就已經參與那個逐步完成的過程。

這是一種默默耕耘的感覺，一般人不會知道，參與推動法規制定的人，如何辛苦奮戰，才會有這些法規誕生。而且國際通商團隊會覺得，最後那個光環不一定要在我們身上，因為這是為了國家而努力，我們做了一些對台灣有益的事，這種感覺很快樂。因此這6年來，就算遇到困難，我們從來沒放棄過，哪裡有問題，我們就往哪裡去。

金融科技創新園區 成交流與媒合平台

回顧初創至今的一路發展，金融科技園區執行總監洪杉源也表示，園區本身的定位，除了作為產業發展的加速器，也帶有孵化器的功能，提供國內金融科技新創業者一個實體發展場域。在這個場域裡，會對新創業者提供包括法規、資安、商務，甚至資金媒合等各種資源。

園區另外一個很重要的角色，就是所謂的共創平台，這邊除了新創業者，也包括了金融機構，所以也設有企業實驗室，還有學校研究單位進駐，所

以也有校園實證基地這樣的機制。另外也包括相關的主管機關周邊單位，以及律師事務所、會計師事務所。目標就是讓金融領域不同的利害關係人，在這裡能夠「共創」，然後推動金融科技的發展。

為什麼一個可以交流、共創的平台如此重要？如果實際接觸，就會知道，無論從財務人員的角度、從法遵的角度，或說從科技人才，甚至於金融業務的角度去看，其實大家的語言都不一樣，很需要一個協調者或是轉換者。

園區扮演的就是這樣一個角色，讓擅長科技的人，去了解金融、監管、風管等領域的語言，了解他們重視的是什麼，或是讓行政機關了解金融技術發展到了什麼樣的程度，藉由串聯，形成平台，然後也成為連結彼此的橋梁。

監理沙龍 創造跨界對話平台

在推動創新方面，園區也有許多獨樹一格的服務，比方「監理沙龍」，就是很獨特的項目。

所謂「監理沙龍」，簡單說來，就是希望讓主管機關、金融機構、新創業者，所有金融科技領域重要的參與者，可以針對某一個特定關注的議題，有機會共同討論與交流。

這些議題可能是主管機關已經認定相當重要，或認知到可能需要對它進行規範，甚至主管機關可能已經提出草案，針對這樣的內容，園區邀請主管機關、業界代表及律師，坐下來面對面溝通。

金融機構可以提出，他們所在意的是什麼，主管機關也可以透過這樣的場合，蒐集業者的意見，也告知業者們主管機關所關注的重點，讓雙方能做更深度的溝通，更有助於之後發佈的一些規範，更符合市場的期待跟需求。

以前推出新的法規草案，雖然會有預告期，可是還沒有讓所有跟這個法案相關的業界都有足夠機會發言。藉由「監理沙龍」，所有相關人士可以有更多表達意見的機會，如果不是這個機制，新創團隊通常只能等到法規出來再單向接受而已。

這個「監理沙龍」，就是希望像歐洲過去的沙龍文化一樣，讓各界有一個可以討論交流的機會，先由主管機關說明，對於這樣的規範，目前規劃的草案架構是如何，接下來由各方從金融機構、法律、新創業者的角度，分別表達各自的觀察與意見，促成對話的可能。

進入 AI 時代 科技創新充滿無限可能

因此洪杉源也語重心長表示，金融業是高度監理的行業，也就是說，其實法規有各式各樣的解釋空間，金融業又有其獨特性跟專業性，對一般的法律人或律師事務所，未必能直接介接到金融領域。

我們很高興，研究經理楊秉哲從園區一開始成立就一直跟著我們一路走過

來，一起合作的國際通商胡律師、邱律師也都相當專業，對於金融領域非常嫻熟。

金融跟法律、科技，語言本來就不一樣，怎麼溝通，串聯在一起，協助新創業者跟主管機關溝通，園區扮演非常重要的角色。我自己的職涯因緣際會，曾在投資、金融等產業以及行政機關任職，我又剛好對資訊很有興趣，這些背景對於接任這個職務，去推動不同領域的串接，會有一些幫助。

未來我們比較大的挑戰，是對於業者或技術人士非常創新的想法，當這些想法要落實到金融領域，第一個就要去說服監管機關。因為就監管機關來講，最重視的還是穩定，也就是所謂的風險管理；要去突破金融業的高度監管，越過這道高牆，就要不斷協調、溝通。

因此我們必須讓具有技術背景的新創業者了解合規的重要性，也讓監管機關了解，技術發展是可以放心讓它往前走的，光是要做到這點，就已經是最大的挑戰。

我們希望透過不同面向的創新與輔導，協助新創業者能做出更多金融科技應用的突破，尤其 AI 在金融科技在上面的應用，未來場景無限寬廣，也是非常令人期待的發展。

有沒有可能透過 AI，創造跟發展出一些商業模式或產品，這是我覺得，在接下來的發展裡面，特別值得持續關注的面向。

舉例來說，目前金融機構運用 AI，可能還是在彙整內部的知識，比方員工可能對於某些法規或是對於某一些商品，可以透過公司的 AI 來協助提升整個作業效率。

比方花旗銀行使用 AI 機器人幫助員工進行摘要，讓員工快速掌握資料，這是一種賦能。摩根史坦利也有 AI 助理，可以很快從資料庫生成建議，解答疑問更有效率。

凡此種種，我們可以更進一步期待的還有智能客服，甚至進一步到財富管理的 AI。目前的智能客服是一對一的回應，一個問題，一個標準答案。之後的 AI 可能像真人一樣跟客戶對談，甚至在對談過程中了解客戶需求，進一步投入行銷，這些都是未來業務跟服務的創新。

當然，這部分的創新，還會牽涉到主管機關對於責任歸屬這件事的管理，完全交由 AI？還是 AI 只是輔助，人員必須負有一定的責任？這部分會是漸進式的發展，它會隨著主管機關的信任程度逐步往前走，更進一步創造我自己想像中，所謂的元宇宙或者虛擬世界。

很值得注意的是，台灣的金管會在 2024 年 6 月發佈了「金融業運用人工智慧 (AI) 指引」，對於 AI 運用在金融產業有了更明確的規範。

未來的發展，會特別需要跨領域的集思廣益，透過實際商業模式以及國際案例，加上外部專家如國際通商的協助，讓金融科技在新創業者的創新之下，為我們的生活帶來不一樣的未來。

第八章：展望未來

國際通商與金融科技創新園區合作，期待創造 AI 時代的無限可能（圖由左至右前排為胡浩叡、洪杉源、邱佩冠，後排為林麗真、楊秉哲）。

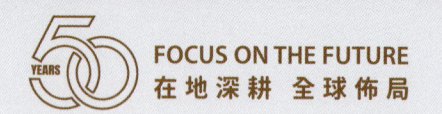

並肩作戰投資台灣事務所

引進投資不遺餘力 共創台灣未來榮景

全球主要經濟體在吸引外國投資時，多透過政府機構、民間組織與專業法律機構的合作，以降低外資進入之法律與行政障礙，提供支持。

以美國為例，其政府態度對外國進入美國投資相當開放，唯涉及國家安全（如科技、能源、軍事供應鏈）需通過「外國投資委員會」（CFIUS）審查。至於非政府方面，其合作方式包括與「美國商會」（US Chamber of Commerce）及各地區投資促進機構合作，提供企業落地支持，亦透過與私募基金、創投機構合作，吸引外資進入科技與創新產業，更與大型國際律師事務所（如 Baker McKenzie 等）協助外資企業處理企業設立、稅務、勞工法等問題。

歐盟方面，因提供單一市場機制，投資者一旦進入一國，即可享有整個歐盟市場的貿易與經濟利益，2020 年啟動外資篩查機制（FDI Screening），對關鍵產業（如科技、醫療、基礎設施）進行監管，但對多數產業仍開放投資。至於非政府方面，有歐洲投資促進機構（Invest Europe）與各國投資局（如德國 GTAI、法國 Business France）等協助外資融入當地，各國政府亦透過與私營機構合作的「黃金簽證計畫」，吸引高淨值個人投資（如葡萄牙、西班牙、希臘）。

至於台灣，我們如何就新創與高科技產業吸引外資呢？

你聽過「Invest Taiwan 投資台灣事務所」？

這是經濟部的一個法人組織，半個世紀前，也就是差不多國際通商法律事務所誕生之時，推動外資對台投資業務的是由「國際經濟合作發展委員會」下轄之「投資業務處」掌舵，後來該處改隸經濟部，2023 年再度更名為「投資促進司」，也催生了跨部會平台「投資台灣事務所」。

「投資台灣事務所」除了以招商連結投資審議會、投資審議司及投資促進司，也提供跨部會溝通及海外招商等協助。這個企圖心強烈的法人組織，不只有活潑的思維及靈活的行動力，也與創立半世紀的國際通商一起並肩作戰，藉由緊密的串聯，協助更多外資進入台灣投資，在不斷與時俱進中，為創造更多台灣經濟榮景而努力。

FOCUS ON THE FUTURE
在地深耕 全球佈局

Invest Taiwan 與國際通商並肩作戰,創造台灣整體投資環境競爭力。(圖由左至右為汪士邁、陳明珠、張銘斌)。

第八章：展望未來

這個成立於 2018 年的平台，為何稱為「事務所」，而不是傳統的政府局處？

原來，還真與「法律」有點關係。

「我們成立這個平台，是希望它雖然為政府發起的組織，但能提供像國際級律師事務所一樣高水準的服務。」肩負重任的張銘斌執行長解釋，「事務所」的命名更代表執行專業而客製化的服務，以主動積極的精神，帶來整個服務心態的改變。

至於英文名稱取作 Invest Taiwan，是參考了 Invest HK、Invest INDIA 等同性質的成功案例，獨特、好記，又簡單明瞭。

不只調整體制 更要觸發變革

「我一直在想著如何把餅做大，改變整個組織的架構跟文化，很重要的就是要脫離衙門心態，變成與企業 Speak the same language，」張銘斌笑著比喻，這不是一起講英文而已，而是態度也要對等，提供客製化的服務，甚至像保母般照顧企業，將他們當作客戶看待。

所以，它的使命不只是設法引入投資而已，後面更大的雄心，其實還希望能改變整個行政體制的運作方式，從裡到外改變「服務」的思維模式。

張銘斌解釋：

50 年來，國際通商與投審會有很多業務息息相關，因為兩者都是外人投資進入台灣的窗口，但是組織文化卻大大不同，我們很認同國際通商的服務文化。

我們希望，經過改革，所有想來台灣投資的企業，來找 Invest Taiwan 就沒錯，但重點是，我們要把這個體制做一個調整。

因此我們將投審會、投資業務處、招商中心三大組織整合在一起，這是一個很大的挑戰，但這樣的改變，慢慢顯現出不一樣的成效。

國際通商之所以與 Invest Taiwan 結緣，是因為國際型事務所往往扮演外商投資台灣的門戶。

國際通商特聘資深顧問汪士邁回憶，早期很多投資，都是在美僑商會聊一聊，就直接帶回事務所談合約了。在台灣經濟起飛的時候，他隔幾天就會換一下語音信箱的英文問候語，因為外人投資詢問的熱線不斷。

而近年中美貿易戰開打後，局勢變得很不一樣，「我們跟 Invest Taiwan 的合作，變成是一起說服外國投資人，台灣的法令、經濟、稅務很友善、很穩定。」他表示，沒有這樣的盟友，台灣很難跟新加坡、馬來西亞、越南甚至是香港競爭，他們的政府大張旗鼓吸引外資，態度比民間企業還積極。很多檯面上看到的大型外資來台灣，背後其實是律師們鴨子划水，與 Invest Taiwan 過關斬將促成的。

推動組織變革 吸引投資與時俱進

對於推動各種形式的投資台灣，張銘斌這樣分析：

台灣的獨特地位，使它這幾年在國際舞台上變得非常耀眼，這是因緣際會，但機會也是留給準備好的人，我們要好好掌握。

有時候我們的角色，就是盡量去抓住大好時機，但另一方面，也要把危機化為轉機，像是美中貿易對壘，對於台商就是很大的危機，我們要思考怎樣運用台灣的優勢，讓他們可以再回到台灣投資。

最早我專注的是財經法的國際商事法，後來到英國愛丁堡讀書，學習跟觀察歐洲如何變成歐盟共同市場，把各國整合成一個更大的經濟體。

所以我回到台灣，懷著不同的觀念跟想法，想激發一些推力，產生一些良性的改變。剛好國發會希望將原來的招商中心進行改造，於是我把國外所學及後來負責 WTO 業務的經驗，融入現在想積極推動的組織整合上。

我認為台灣要國際化，就要引進國外的觀點，最重要的是，要站在國外投資人的角度跟立場來看事情。因此我們推動投資台灣，不能純粹從台灣的法規來想，比如我們平常接觸各大法律事務所，看到大概都只用現行兩岸及《外國人投資條例》等各種法令來談投資，但有時候我們希望能更進一步，幫助專案經理再超越這部分。

因此，成立 Invest Taiwan 這個平台，是希望能以使用者的角度服務。比方投資受到太多法規限制時，就要反過來檢討法規，因此我們常會帶著投資企業去交通部、內政部敲門，建議法令是不是能做一些修正、調整，或者也可以考慮放寬。重點就是要秉持服務的精神，要用客製化的態度，為投資者設身處地著想。

汪士邁與國際通商合夥律師邱佩冠也表示，最近跟 Invest Taiwan 合作的幾個案子，客戶對其積極協助與專業都讚不絕口：

譬如說，外國客戶要來找地蓋廠，除了各種地方政府的許可之外，還要面對查稅議題，但國稅局對於國際企業的整體運作，還有國際稅務的實務，都需要跟外國投資人進行「友善對話」，這時候我們這「兩間事務所」就扮演了轉譯的角色，讓國稅局放心收稅，外國投資人也願意加碼投資，最後兩邊都是贏家，這種促進雙贏的「國民外交」工作，正好是兩間事務所的專長。

提升行政效率 積極打破門戶之見

Invest Taiwan 的營運長陳明珠，也對組織運作的改變很有感觸，因為光是效率或是人力的運用，就與過去有著顯著的不同。她表示：

以前我們服務想要進入台灣的企業，要先經過投審會審查，現在，執行長上任後，一通電話就可以加快作業，改善行政流程，這是很大的改變。

而對於增加部門的合作與串聯，張銘斌也認為：

其實政府是一體的，如果彼此合作，事情會往對的方向走，移民署是很好的案例，外國人在機場過海關，移民官不能再有高高在上的心態，因此我們就跟移民署談，請他們派人來見習，讓他們從不一樣的角度了解外國投資者的需求。

另外也跟駐外單位建立關係，比方把 20 多個外館的承辦人員拉進來，讓 Invest Taiwan 可以掛牌，也能多一分助力，從既有體系增加資源。

在國外核發台灣簽證的簽證官，也可以先來 Invest Taiwan 實習一段時間，了解企業界來投資經商，需求是什麼？想法是什麼？為什麼有時候需要居留那麼長的時間？在實習中，跟著一起做，就能從第一線體會外國企業怎麼運作，不然只憑書面審查，或是表面接觸，絕對沒辦法體會到這麼深。

張銘斌進一步指出：

所謂分享資源，說起來很容易，做起來卻很難，如果每個人都抓著自己的資源，怕被別人搶走，用這樣的心態，如何把自己的資源跟人力，與別人分享？

例如各法律事務所來跟投審會洽談投資案，我就說，先來 Invest Taiwan 談談，還沒遞出申請之前就可以先來，每個案子都會指派專案經理，負責跟進後續，重新修正投資計畫，然後協助彙整這些申請流程。

這也減輕承辦者的壓力，有這個機制讓專案經理可以事先告知業者，投資計畫適用哪些法令？這些法令要檢附什麼文件？讓業者知道是否能夠準備得出來，就能減少投資者在申請程序上的來回往返。

汪士邁與邱佩冠表示，外資進入台灣，律師與會計師事務所都會進行 KYC（Know Your Customer）身分審查，因此律師與會計師最了解產業，在引領外資進入台灣投資的第一關，就已經為政府做了一些篩選。

在長期協助外資進入台灣投資的過程中，國際通商會在外資遇上各種投資疑難雜症時，與 Invest Taiwan 密切合作，藉由更具效率的行政流程整合，以及更順暢的政府部門溝通，確實解決外資進入台灣投資的痛點。

例如，國際通商先前協助 AI 相關外商進入台灣投資，就遇上亟需大量電力供應的瓶頸，藉由 Invest Taiwan 的居中協調，有效為廠商解決電力供應的疑慮。

而在國際通商主動出擊、參與台灣拓展海外招商活動時，也與 Invest Taiwan 密切合作。比方在日本舉辦鎖定日商的說明會時，雙方攜手合作，藉由偕同具備官方色彩的法人組織代表出席，讓海外投資者更能看到台灣政府鼓勵引進外人投資的決心。

透過與國際通商的攜手，能以各種不同方式幫助 Invest Taiwan 將業務推動得更好。這種跨領域連結的概念，也協助所有對投資台灣有興趣的企業，節省更多時間跟成本，讓台灣整體投資環境更富競爭力。

汪士邁深深期許，國際通商未來能與 Invest Taiwan 形成更深的夥伴關係，為創造台灣經濟榮景，做出更多貢獻。

附錄
百大經典

	國際通商法律事務所「百大經典」	主辦
1	本所首位外商銀行客戶 - 美國銀行（Bank of America, BOA）： 1975 年起，本所代理 BOA 對一家已聲請破產之台灣公司請求積欠貸款及利息，因該案極為困難，BOA 更換律所由本所承辦。本所為 BOA 成功取回所有款項，是本所第一家外商銀行客戶。	李忠雄 楊大智等
2	全球主要口香糖製造商之台灣公司組織調整及稅法諮詢 -Wrigley： 1975 年起，本所代理 Wrigley 進行台灣子公司之組織調整，俾能適用優惠稅率。本所並向政府倡議放鬆外匯管制，以合法將台灣營收轉換成美金匯出。	李忠雄 楊大智 吳國樞等
3	全球頂級免稅店擴大經營 -DFS： 1980 年起，本所代理 DFS（Duty Free Shop）擴大在桃園國際機場之據點，並協助在台北市區設立其銷售點，如台北晶華酒店地下一樓、地下二樓，為當時台灣高關稅環境下零售業之里程碑。	陸台蘭 陳玲玉等
4	國際連鎖快餐業龍頭之智財保護 -McDonald's： 1983~1996 年，本所為美國麥當勞總公司辦理商標及服務標章之登記、延展、授權及爭議處理等，並為台灣麥當勞公司提供消費者保護、勞工、媒體文宣、智財等法律服務。 2003 年陳玲玉擔任台灣麥當勞兒童慈善基金會之董事，並持續協助其公益服務。	陳玲玉 智財團隊
5	台灣第一棟智慧型大樓 IBM 大樓案 - 嘉新水泥： 1984 年起，本所代理嘉新水泥公司與賣方台灣療養院議定基地承買契約、議定興建大樓之各工程合約、並與承租方美國 IBM 公司進行 10 年租約談判至成功簽約。	陳玲玉等
6	台灣第一家大賣場 - 家樂福： 1987 年起，本所代理法國 Carrefour 公司與統一企業協商成立家福公司，經營台灣第一家大賣場「家樂福」，並提供各方面法律服務。1996 年陳玲玉促成設立家樂福文教基金會，擔任創會董事，迄今提供長達 38 年之法律及公益服務。	陸台蘭 陳玲玉等
7	國際領導品牌之智財權保護 -Disney 等： 1990 年起，本所協助 Disney 公司在台灣辦理商標及服務標章註冊與相關智財權保護，並積極倡議修訂智財權法律，以保護智財權。 此後，本所蓬勃發展商標及專利業務，代理歐美日及台灣公司在世界各國進行智財佈局。客戶包括零售與消費品業、餐飲業、食品業、娛樂與媒體業、製造與工業、科技與電子科技、半導體、醫藥與生物科技業等國際領導品牌。	陳玲玉 龔雅玲 潘昭仙 邵瓊慧 智財團隊
8	美國塑料食品容器領導品牌之性騷擾調查案： 1990 年，本所代理美國塑料食品容器領導品牌公司調查其台灣高層被控訴涉嫌性騷擾案。當時台灣尚無性騷擾相關法令，本所參考國際各所經驗，為客戶完成內部調查，平息公司危機，嗣並積極倡議制定台灣平權法律及落實執行。	陸台蘭 馬靜如等

國際通商法律事務所「百大經典」

		主辦
9	台灣首批愛國者飛彈系統採購案 - 雷神公司： 1990年起，本所受美國雷神公司委任，就其出售首批愛國者飛彈系統予台灣，協議採購合約等事宜，嗣提供各方面之法律服務。	陸台蘭 汪士邁 李忠雄等
10	台灣首條捷運各支線採購合約之諮詢及爭議解決： 1991年起，台北捷運系統自首條木柵線建設起，各線系統均由本所代理承包商處理工程採購合約及爭議解決，包括木柵線、新店線、南港線、中和線、土城線、蘆洲線、南京線、文湖線等之土建、機電、EPC統包等合約。代表客戶包括日商、德商、加拿大商等。	黃台芬 盧柏岑 黃麗蓉 徐頌雅等
11	台灣首件外商物流業者與工會之團體協約案： 1991年起，本所代理美國物流快遞領導業者處理因合併當時最大快遞業者，而在台灣所面臨之各方面法律問題，包括與工會協商團體協約及解決勞資訴訟。嗣後本所亦積極倡議更新勞工法規、促進勞資雙方正向溝通。	陸台蘭 黃瑞明 馬靜如等
12	台灣首件釐清台灣「賭債非債」之訴訟案： 1991年起，本所代理各家國際博弈娛樂中心，因其業務於該國為合法，卻於來台追索遊客欠債時，礙於台灣「賭債非債」法理而求償受阻，甚至因台灣員工偽造文書而衍生鉅額欠款。多件訴訟經本所代理均獲勝訴確定判決。	黃瑞明 柏威廉 馬靜如 徐頌雅等
13	全球前三大軟體公司之法律諮詢： 1992年起，本所代理全球前三大軟體公司，處理其於公司、勞工、公平交易、採購契約等各方面之法律問題。此客戶係本所為高科技軟體業者擔任法律諮詢之開端。	黃瑞明 馬靜如 許修豪等
14	台灣首件微碼智財訴訟案： 1995~2014年間，本所代理全球領先之Microcontrollers製造商主張著作權受侵害，為台灣首宗涉及微碼之智財案件，乃電腦程式著作保護之指標性案件。且該案民刑訴訟併行，歷時將近20年，此案為確保該公司營收之最主要訴訟。 嗣於2005年起，本所協助該公司於中國大陸進行訴訟及兩岸假扣押，對壘中國第一品牌，並於勝訴後促成和解。	馬靜如 黃麗蓉 馮達發 徐頌雅 許修豪等 專利團隊
15	國際知名五星級飯店集團之收購及投資糾紛： 1996~2011年間，本所代理國際知名之五星級飯店集團，於全球包括關島、夏威夷、洛杉磯等地，進行酒店和渡假村之多次收購及處理投資糾紛，並協助仲裁。媒體形容該集團當事人為「台灣手握現金最多的人之一」。	張瀚書 BM芝加哥所律師等
16	國際嬰兒推車領導品牌製造商之全球智財登記及稅法諮詢 - 明門集團： 1996年起，本所協助明門集團（Wonderland Group）之全球智財佈局，在各國登記超過1,700項專利及1,500個商標，並維護其各地智財權。 2014年起，本所為明門集團及創始家族規劃控股結構，實現其創建慈善基金會之目標，使基金會成為業務之主要受益人；並創建信託結構，使所有權與管理權分離。	王悅賢 智財團隊 汪士邁 邱佩冠等

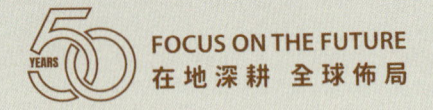

國際通商法律事務所「百大經典」

		主辦
17	台灣首件 BOT（Build-Operate-Transfer）案 - 台灣高鐵： 1996 年起，本所擔任「台灣高鐵企業聯盟」法律顧問，贏得 BOT 投標案，協助設立台灣高速鐵路公司。1998 年，本所代理台灣高鐵公司與交通部簽訂 5,500 多億元之興建營運合約，並提供該公司各方面法律諮詢，迄今達 28 年餘。 2001 年間，歐鐵聯盟向國際商會（ICC）提出國際仲裁，主張台灣高鐵團隊原與其合作投標，得標後卻以不符需求而退回歐鐵聯盟之規劃書，轉而採用日本機電系統，故求償 8 億美元。本所代理台灣高鐵公司，3 年後達成和解。 2015 年，本所代理台灣高鐵公司對交通部提出 3 件仲裁案，主張損失新台幣 3,099 億元（先一部請求 575 億元）。仲裁請求之主張係基於「九二一大地震等九項不可抗力、除外情事、及情事變更」、「法定優待票之短收差額」及「運量重大變化」。嗣因交通部同意展延台灣高鐵公司特許權，並協助該公司完成財改方案，本所乃協助雙方達成協議而和解後，撤回仲裁。	陳玲玉 黃台芬 黃瑞明 梁志 楊文淵 傅祖聲 馬靜如 盧柏岑 李敏惠 黃麗蓉 賴建宏 施汝憬等
18	台灣首件外商併購台灣製造廠之罷工案 - 納貝斯克： 1996 年，美國納貝斯克（Nabisco）公司併購台灣可口企業後，製造廠因生產線改變而需大量資遣勞工，勞工因而發動罷工。本所代理納貝斯克與勞工協議達成和解。	馬靜如等
19	台灣首座民營燃煤火力發電廠之法律諮詢案 -CLP 電力公司： 1997 年，本所代理香港 CLP 電力公司，就投資台灣首座民營燃煤火力發電廠之諸多事宜及購售電合約進行協商、並對專案融資之風險與法遵提供法律諮詢協助。	梁志 楊文淵等
20	台灣前三大損失理賠案件： 1997~2005 年，本所代理三家火險保險公司處理「聯瑞大火理賠新台幣 100 億元案」（當時亞洲最高理賠紀錄）之衍生訴訟。該案涉及共保人與再保人之責任分配、不同險種之分攤責任等複雜問題。本所三家客戶被訴請求 42 億元，均獲勝訴確定。	黃台芬 徐頌雅 范纈齡等
21	第一家在日本上櫃及上市的台灣軟體公司之稅務及法律服務 - 趨勢科技： 1998 年，趨勢科技公司在東京掛牌上櫃，是第一家在日本上櫃的台灣軟體公司。本所為該公司作全面稅務規劃及法律諮詢服務。	吳國樞 陳玲玉等
22	台灣首座民營天然氣發電廠合約協商及專案融資案 - 長生電力公司： 1998 年起，本所代表業主協商長生電力海湖發電廠（台灣第一座以天然氣為燃料的民營發電廠）之建廠合約、維修運轉合約、購售電合約及燃料供應合約等重要合約，並完成全廠之專案融資。	黃台芬等
23	台灣最高投資金額之單一外人投資案 - 富邦集團及花旗銀行策略聯盟： 1999~2000 年，本所代表富邦集團與美商花旗銀行組成策略聯盟專案，由花旗銀行以 8 億美元投資富邦集團旗下的銀行、保險、人壽、證券和證券投資信託五家公司。此案為台灣當時投資金額最高之單一外人投資案。	陳玲玉 汪士邁 王悅賢 楊文淵等

附錄：百大經典

國際通商法律事務所「百大經典」

		主辦
24	台灣首家電信服務業者之罷工案及 ADR 案 - 中華電信： 1999 年，中華電信面臨工會帶動 3 萬 6,000 名員工罷工。本所擔任公司法律顧問，為其提供勞工法令及勞資關係等諮詢，並協助公司與工會代表協議至簽訂團體協約。 2003 年，本所協助中華電信成功在美國發行存託憑證（American Depositary Receipts, ADR），成為台灣首家前身為國營事業之公司躋身全球最大資本市場。	黃瑞明 馬靜如等 曾宗廷 李貴敏等
25	台電公司首件國際 ICC 仲裁案 - 台灣電力公司： 1999~2004 年，本所代理台灣電力公司（Taipower）處理兩件國際 ICC 仲裁案，是 Taipower 首次使用國際性事務所處理其煤炭供應和運輸之爭議案件。本所就此兩件仲裁案均獲勝訴（包括律師費亦由對造負擔）。	張瀚書 BM 芝加哥所律師
26	全球最大半導體測試封裝公司收購案 -Amkor： 2001 年，本所協助當時全球最大半導體測試封裝公司 Amkor 收購 Acer（宏碁）、Sampo（聲寶）、KYEC（京元電）三家公司，並就勞工權利義務及股權整合等繼續提供法律諮詢，嗣並協助處理火災意外訴訟。	王悅賢 鍾薰嫻 蔡維恬等
27	台灣最高金額假扣押案 - 華新科技： 2002 年，競爭公司以華新科技挖角其 32 位重要員工為由，提起 10 億元假扣押。本所代表華新科技以 30 億元反擔保，撤銷假扣押之危機。此案為台灣當時最高金額之假扣押案。並在九個月後，本所促成雙方和解。	陳玲玉 黃瑞明 傅祖聲等
28	台灣最高金額海外可轉換公司債及台灣首件金金併案 - 富邦金控： 2003 年，本所擔任富邦金控發行海外可轉換公司債（EB）4.3 億美元案之法律顧問，由花旗銀行認購。此為台灣當時最高金額可轉換公司債之案件，使本所於金融市場之業務更上層樓。 2023 年，本所代理富邦金控公開收購及合併日盛金控，本合併案是台灣第一件「金控公司和金控公司」（金金併）的案件。本所協助金控旗下的銀行、證券及期貨等子公司、孫公司順利完成合併，此案為台灣金融業的整併又立下新的里程碑。 2024 年，本所協助富邦能源 ESG 願景工程之採購合約、聯貸合約、承攬合約等相關法律諮詢。	陳玲玉 汪士邁 康文彥等 江弘志 胡浩叡 徐頌雅 劉裕實 金益先 王菀慕等
29	全國知名大溪高爾夫球場易手糾紛案 - 大溪育樂公司： 2003 年起，本所代表大溪育樂公司處理與鴻禧育樂公司間有關大溪高爾夫球場之經營主體變更、球場土地所有權與使用權移轉、及會員權利轉換等，並處理後續民、刑、行政訴訟，更促使政府建立類似案件之執行標準。	黃瑞明 范纈齡 盧柏岑 賴建宏等
30	全球最高大樓建築外觀立體商標案： 2003 年起，於當時全球最高大樓落成後，鑑於其獨特建築外觀具有衍生之商業價值，且台灣商標法甫將立體商標納入保護，本所即建議並代理該公司申請文字圖樣商標及建築造型之立體商標註冊，以維護其國際著名景點之商機。	陳玲玉 邵瓊慧 商標團隊

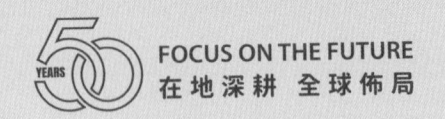

	國際通商法律事務所「百大經典」	主辦
31	台灣第一家本土便利商店解除破產危機案 - 萊爾富： 2003 年，萊爾富便利商店之主要股東向法院申請破產案，本所代理萊爾富向法院主張：以「增資」解除萊爾富破產的危機，並提出「以債作股」方案，協助該公司於五個月內完成增資而浴火重生。	陳玲玉 范纈齡等
32	台灣首件 P2P 平台侵權案： 2003~2005 年，本所代理國際錄音著作權利人團體，對使用 P2P 平台傳輸數位音樂之飛行網及 Kuro 提出著作權侵害告訴。當時 P2P 平台是否應負侵權責任，乃國際關注議題。Kuro 遭起訴並被判侵權後，權利人與平台和解，此案為數位影音之授權發展模式開創先機。	邵瓊慧
33	台灣首件原料藥製程專利侵權訴訟案 - 禮來大藥廠： 2003~2010 年，本所代理美商禮來大藥廠（Eli Lilly），對台灣某學名藥廠提起首件原料藥製程之專利侵權訴訟。本所為禮來公司成功保全蒐證，取得定暫時狀態假處分，而防止侵權之學名藥上市，最終就相關專利與產品達成雙方協議。	邵瓊慧 盧柏岑 黃麗蓉 馮達發等
34	台灣首批不動產證券化案件 - 富邦、國泰： 2004 年起，本所先後受任協助富邦金控與國泰金控辦理不動產證券化商品 Real Estate Investment Trust（簡稱 REIT），包括富邦 1 號、國泰 1 號等，我國亦從此邁入不動產證券化時代。	陳玲玉 湯詠瑜等
35	台灣首件 CD-R 光碟專利強制授權行政訴訟及廢止強制授權處分案 - 飛利浦： 2004 年起，因智財局核准某台廠請求就飛利浦公司 CD-R 光碟片專利之強制授權，對 CD-R 專利授權金之影響高達上百億元。本所代理飛利浦公司提起行政訴訟，終能撤銷該強制授權處分，亦促使專利法有所修改，以符合 TRIPs 國際規範。 嗣後本所並代理飛利浦公司對積欠授權金之廠商求償。	陳玲玉 潘昭仙 邵瓊慧 馮達發等
36	台灣最大石化能源公司之天然氣接收站及海底輸氣管專案等 - 中油公司： 2004 年起，本所代理台灣中油公司（CPC Taiwan）處理專案之 EPC 工程契約、港埠契約、海底輸氣管契約，船運契約及液化天然氣買賣供應合約等，及專案衍生之多件承包商求償案，包括物調請求、損害賠償、增加報酬等調解及訴訟案。 2018 年，本所代表中油公司擔任其第三座液化天然氣接收站等興建工程計畫之法律顧問，協助有關該接收站所在之工業區及工業港之開發及興建等各項法律議題及履約爭議之處理，預計於 2025 年間國內天然氣需求可透過北中南三座接收站供應，以因應綠能低碳之新能源政策。	黃台芬 何美蘭 陳宜君 湯東穎等
37	全球前三大半導體耗材供應商之一的專利權案： 2005 年起，本所代表全球前三大半導體耗材供應商之一，在台灣進行多項重要專利訴訟案件，成功贏回關鍵專利權，並駁回競爭對手的定暫時狀態處分申請，確保客戶在該關鍵領域的全球領導地位，維護其在台灣每年數億美元的營業額。	王悅賢 馮達發 李彥群等

國際通商法律事務所「百大經典」

		主辦
38	**美國最大人壽公司在台大量解僱案：** 2006年，本所協助美國最大人壽公司進行大量資遣，該案需與全球裁員同步而屬高度保密，且難以確定台灣公司多種勞工合約之型態，經本所協助客戶密集準備、與主管機關協調、及員工溝通等前置作業，順利於協商日與數百名員工同時完成協議。	馬靜如 許修豪 陳素芬等
39	**台灣知名金控集團委託案 - 國泰集團：** 2006~2024年，某知名律所受客戶委託保管並出售股票，因遭律所職員盜賣約30億元，乃以該職員盜賣所得價金係存放於國泰世華銀行之美商公司帳戶為由，對銀行起訴請求賠償9億9,000萬餘元。本所受國泰世華銀行委任，17年間歷審均勝訴，嗣於2024年12月間最高法院駁回該律所之再審聲請，而終局確定。	陳玲玉 范纈齡 徐頌雅 鍾薰嫻等
	2011年馬多夫龐氏騙局爆發後，馬多夫資產管理公司破產管理人及相關基金公司之BVI清算人，在美國向國泰世華銀行及國泰人壽提起返還贖回款訴訟，本所代理應訴。本案有數百名被告，涉及美國紐約州法與BVI法律之各種繁雜程序，及美國司法部馬多夫受害者基金之賠償計畫。但本所以台灣證券投資信託架構為論點，成功說服原告撤回對國泰世華銀行之訴訟，據悉為原告唯一同意撤案之案例。本所繼續代理國泰人壽處理本件訴訟進行中。	陳玲玉 徐頌雅 賴建宏等
40	**台灣最大有線電視媒體網絡集團之股份出售案 - 東森集團：** 2006~2012年，本所協助台灣最大有線電視和媒體網絡之一的東森集團，於2006年將EMC（東森媒體科技）及EBC（東森電視）之股份出售予Carlyle，交易總價值超過10億美元。2009年協助將EHS（東森購物）出售予Transpac Capitall（新加坡匯亞集團），並於2012年將EHS（東森購物）買回。	王悅賢 許兆慶等
41	**台灣首件外商銀行收購本國銀行、及與工會協商團體協約案 - 渣打銀行：** 2007年，本所代理英商渣打銀行處理新竹國際商銀收購案，將渣打銀行之台北、台中及高雄分行業務分割並整合入新竹國際商銀，改名為渣打國際商業銀行，並保留渣打銀行台北分行（一子一分模式）。 2009年起，本所代理渣打銀行與工會協議並成功簽訂第一次團體協約，是第一家外商銀行正式簽訂之團體協約，受政府公開表揚為勞資關係之模範。嗣後本所繼續為渣打銀行提供歷次團體協約及其他各方面法律服務。	梁志 胡浩叡 汪士邁 江弘志 馬靜如 許修豪等
42	**台灣首件上市公司私有化及下市案 - 復盛工業：** 2007年，本所代理復盛工業創辦人家族與橡樹資本私募基金合作，以公開收購及合併之方式收購復盛工業，為台灣資本市場上第一件經營階層與私募基金合作之經營階層收購案（Management Buy-out）。	陳玲玉 江弘志 胡浩叡等
43	**台灣首件航空城立法案：** 2007年，桃園縣政府（升格前）積極思考活化桃園國際機場及周邊地區之整合開發，本所與他所競標而獲選就該案提出立法草案，全面從組織、業務、開發、管制鬆綁、優惠等面向，擘劃航空城開發與營運架構。嗣後續由立法委員提案，最終促成「國際機場園區發展條例」之立法。	馬靜如 呂曼蓉 陳素芬等

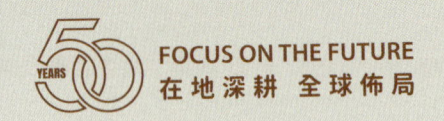

國際通商法律事務所「百大經典」　　　　　　　　　　　　　　　主辦

44	台灣自行車產業領導廠商之台美多重訴訟案 - 萬祥公司： 2007~2010 年，本所代理台灣萬祥公司（台灣自行車產業中以開發、製造碟煞系統著名並行銷全球之隱形冠軍）處理該公司與美國合作夥伴之商業糾紛，包括涉及台灣數個法院之智財權、民事、刑事及公平交易法訴訟，並參與美國聯邦法院程序，協助客戶取得勝訴並促成雙方和解。	黃麗蓉 賴建宏等
45	台灣首件雙卡風暴之銀行債權協商及萬泰銀行購併案 - 萬泰銀行： 2007~2014 年，萬泰銀行因信用卡現金卡雙卡風暴而陷入財務危機，本所代表 GE Capital 與私募基金 SAC 合作投資萬泰銀，並與當時眾多債權人協商，成功完成增資及債權協商，解除萬泰銀財務危機。本所並代理萬泰銀與工會協商團體協約及處理後續勞資爭議案件。 2014 年，本所代理萬泰銀行與中華開發金控進行併購協商，由開發金控以股份轉換之方式收購萬泰銀行，更名為凱基銀行。	康文彥 胡浩叡 蕭宇傑 謝易哲等 馬靜如 許修豪等
46	美國史上最高金額破產案雷曼兄弟在台清算案 - 雷曼兄弟證券破產管理人： 2008 年，金融海嘯時期，本所代理雷曼兄弟（Lehman Brothers）證券破產管理人，處理雷曼兄弟證券出售營業、資產及員工予野村證券，及辦理雷曼兄弟在台相關子公司清算案，並協助與台灣主管機關進行溝通及協調公司清算、破產事宜。	江弘志 胡浩叡 許修豪等
47	全球總營收前十大醫藥企業之一的雙重僱傭關係爭議案： 2008~2020 年，本所代理全球總營收前十大醫藥企業之一處理因高階幹部外派至中國，並於集團分割後轉至另一集團之香港公司工作所引發之終止僱傭關係、結算年資及給付薪資等訴訟。本案因涉及外派員工跨國工作、集團分割後多重委任及聘僱關係之終止等複雜法律議題，牽涉多國法律適用及採證程序，為非常特殊之案件。	馬靜如 賴建宏等
48	全球電子紙王以特別股為對價之收購案 - 元太科技： 2008~2009 年，本所代表元太科技收購美商 E Ink 100% 股權，E Ink 為電子書 Kindles 之電子墨水獨家供應商，元太科技目前為全球電子紙王。本所協助元太科技規劃以現金加四種特別股作為收購對價，該特別股可依公司股價高低而轉換為普通股，是台灣以特別股作為併購對價的少數案例之一。	康文彥 胡浩叡 杜偉成等
49	全球前十大 PC 電腦公司之一的網路標價訴訟案： 2009 年，全球前十大 PC 電腦公司之一的網路商店發生兩次標價錯誤，引發台灣消費者大量搶訂產品，衍生數十件民事訴訟、公平會調查及政府行政處分。本所代理該公司處理所有案件，勝率達 99%。法界多次引用其判決，經濟部並因而規定：零售業等之網路交易定型化契約應記載及不得記載事項，以規範網路交易。	徐頌雅 鍾薰嫺等
50	台灣前三大市占率之保險業者南山人壽股權出售及業務員爭議案： 2009 年，美國國際集團（AIG）出售南山人壽股權案，本所受競標者委任而擔任併購法律顧問，並協助該公司處理業務員契約屬性認定、員工退休金爭議、保戶抗爭等，並與其業務員、工會、保戶自救會等分別協商。	汪士邁 馬靜如 許修豪等

附錄：百大經典

國際通商法律事務所「百大經典」

		主辦
51	全球著名的雷曼風暴衍生之投資人訴請賠償案： 2009~2021 年，因雷曼兄弟控股公司於 2008 年宣佈破產，許多投資連動債商品者遭受鉅額損失，而對銷售銀行請求賠償。本所代理數家銷售銀行處理眾多投資人請求賠償之訴訟，經歷法院多年審理及更審，最終判決本所代理之客戶毋庸負擔損害賠償責任，為銀行全身而退的案例之一，受法界多次引用。	徐頌雅 許兆慶 鍾薰嫻等
52	向「濫用專利權進行假處分者」求償案 - 智財 2012 年度代表案件 - 健亞生技： 2010~2012 年，某藥廠以其專利受健亞生技之學名藥侵害，申請定暫時狀態處分及侵權訴訟，以阻礙健亞生技取得學名藥證。本所代表健亞生技贏得不侵權之勝訴判決，並就該藥廠濫用專利權聲請假處分、提起違反公平法之案，皆獲勝。該案被國際評鑑選為智財領域 2012 年度代表案件（Deal of the Year）。	劉宗欣 邵瓊慧 馮達發等
53	專業人員合夥組織爭議之指標案件： 2010~2013 年，台灣一家本地大型會計師事務所（隸屬於全球大型會計師事務所聯盟）因合夥人退夥，引起各類法律案件，逾 10 年後進行高院更二審時，本所方受委任，此後陸續為客戶逆轉勝各案。本案聚焦於合夥組織之合夥人地位及權利義務之界定，涉及多項創新法律議題，並促成多件開創性裁判，成為專業執業人員合夥組織的指標性案件。	黃麗蓉 賴建宏等
54	全球最大積體電路製造商之營業秘密保護案及日本建廠案 - 台積電： 2011~2015 年，本所代理台積電公司起訴請求依營業秘密法禁止其離職主管任職於競爭公司。智慧財產法院首度基於「不可避免揭露之原則」判決台積電勝訴，為半導體產業營業秘密保護之指標性案件，並被選為法院的參考案例。	陳玲玉 邵瓊慧 鍾薰嫻等
	2021 年，台積電於日本熊本縣設立子公司，由 Sony Semiconductor Solutions Corporation 投資少數股權，亦獲得日本政府補助及支持。此案不僅是首座台積電日本廠，也是台積電近年全球佈局中首座開幕量產之海外晶圓廠。	陳玲玉 任芳儀 BM 東京所
55	全球健康體重管理領導品牌公司之食安風暴案： 2011~2017 年，全球健康體重管理領導品牌公司在台灣因多起食安風暴面臨高額的產品責任訴訟及刑事訴訟，本所代理該公司進行完整自主檢驗及訴訟答辯，終使法院認可其產品之安全而全面勝訴。就檢方起訴該公司總經理，亦獲得無罪判決確定。	黃麗蓉 李彥群等
56	世界領先之鑽石碟研發及製造廠商專利訴訟案 - 中國砂輪公司： 2012~2022 年，本所代理中國砂輪公司（世界領先之鑽石碟研發及製造廠商）處理涉及台、美、中、韓等地鑽石碟之數百件專利侵權和專利權歸屬訴訟，以及相關之定暫時狀態處分、假處分、背信及營業秘密法等民、刑事案件。	陳玲玉 黃麗蓉 馮達發 李彥群等

271

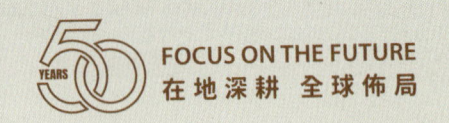

	國際通商法律事務所「百大經典」	主辦
57	玉山收購柬埔寨聯合商銀案 - 第 12 屆台灣金融業務菁英獎 - 玉山金控及銀行： 2013~2016 年，本所代理玉山金控及銀行前後兩次收購柬埔寨聯合商業銀行（UCB）100% 股權，以跨境經營綜效併購在地商業銀行，迅速擴大規模，完整亞洲金融平台，榮獲第 12 屆台灣金融業務菁英獎 - 最佳海外發展優等獎。	康文彥 胡浩叡 任芳儀等
58	日本金融史上首件被外資銀行收購案 - 中國信託銀行： 2014 年，本所代表中國信託銀行收購東京之星銀行。 （陳玲玉自 2003 年起即受當時之辜濂松董事長禮聘為中信金控長年法律顧問多年，且為辜家規劃家族財富傳承。）	陳玲玉等
59	台灣「8 年抗戰」的彰化銀行經營權案 - 台新金控： 2014 年，台新金控與財政部就彰化銀行經營權發生歧見，本所代理台新金控進行首件依「最高法院民事事件移付調解要點」，而由最高法院調解成功，終止雙方長達 8 年的訴訟爭戰。	陳玲玉 范纈齡等
60	台灣航太業龍頭公司民營化暨上市及美國投資案 - 漢翔航空工業： 2014~2016 年，本所受我國航太業龍頭漢翔航空工業公司委任，處理該公司民營化暨上市事宜，並協助因應於民營化過程中來自立法院與工會之要求。本所協助漢翔公司由國營體制轉為民營公司後，該公司於 2014 年 8 月 25 日股票掛牌上市，成為國際航空產業供應鏈之重要成員。 2016 年，本所協助漢翔航空工業公司在美國設立子公司，完成原與 Honeywell 公司 Joint Venture 之組織與稅務重整，使該公司得以在美國獨立開展業務。	黃瑞明 黃麗蓉等 BM 美國休士頓所及芝加哥所
61	全球手機晶片市場龍頭公司之營業秘密相關案件 - 聯發科技： 2014~2018 年，本所代理聯發科技對其離職員工竊取資料、挖角等數件涉嫌侵害營業秘密之案件，提起刑事告訴及搜索，並進行民刑事訴訟，以保護該公司之營業秘密。	邵瓊慧 傅祖聲 鍾薰嫺等
62	全球第一之專業 IC 封裝測試公司併購案 - 台灣併購金鑫獎兩項大獎 - 日月光集團： 2015 年，本所代表日月光併購矽品案，確立日月光集團成為全球第一之專業 IC 封裝與測試公司。此併購案極具指標性，不僅其金額將近新台幣 1,800 億元，亦因啟動時機精準，其併購效益對台灣企業經營者具有深遠影響，因此獲得該年度「台灣併購金鑫獎」之「年度最具代表性併購獎」與「最具影響力併購獎」兩項大獎。	江弘志 胡浩叡 杜偉成 徐頌雅 任芳儀 金益先等
63	台灣首件以和解方式解決之重大公安事故（高雄氣爆案）- 李長榮化工公司： 2015 年，本所代理民間（李長榮化工公司）與政府（高雄市政府）進行數次協商，在法院審理及判決以前，與全體罹難者家屬達成和解，對每位罹難者賠償 1,200 萬元，是台灣重大災害理賠之最高金額。	陳玲玉 傅祖聲 范纈齡 馮達發等

附錄：百大經典

	國際通商法律事務所「百大經典」	主辦
64	著名之新藥研發公司浩鼎內線交易案 - 浩鼎公司： 2016 年，浩鼎公司於第三期臨床試驗結果公佈前數月，股價飆升。嗣因試驗結果未達申請藥證基準，而於短短數日內股價驟降，許多投資人嚴重虧損，又因經理人於解盲失敗公佈前曾出售少量持股，引發內線交易之嫌。本所為客戶辯護，統合法律、醫學及統計專業，終能獲判無罪確定。	馬靜如 傅祖聲 盧柏岑 施汝憬等
65	台灣首座離岸風電場之融資案 - 國泰世華、安泰、法國巴黎銀行等： 2016~2017 年，本所協助國泰世華銀行（主辦銀行）、安泰商業銀行、法國巴黎銀行等融資銀行，為建設位於台灣苗栗縣竹南鎮西海岸水域之兩台示範風力發電機（計畫中的 32 台風力發電機）提供總額為 7,685 萬美元的聯合貸款。	林行天 （Murray Bowler） 吳佩諭等
66	全球外送平台領導業者委任案： 2016~2018 年，於台灣跨境電商營業稅規定生效以前，本所即開始代表全球外送平台領導業者，處理該公司在台灣之營業稅訴訟，從復查、訴訟至行政訴訟，最終於最高行政法院取得有利判決，並協助該公司與我國財政部進行後續協商。	汪士邁 徐頌雅 陳素芬等
	2019 年，本所代理該公司處理因數名不同平台外送員接連發生車禍所引發社會高度關注之爭議、中央與地方主管機關監管措施、及認定外送員具勞工身分後所為裁罰等，提起行政訴訟，並協助該公司與主管機關溝通、強化對外送員之安全保障規範。	馬靜如 李彥群 戴廷哲等
67	「夏普案」-2017 年度最佳併購交易 - 鴻海集團： 2015~2016 年，本所代理鴻海集團富士康公司收購日本上市公司 Sharp（夏普），律師團隊被 International Financial Law Review（IFLR）評選為「2017 年最佳併購團隊」。該案也榮獲「2017 年度最佳併購交易」，因 Sharp 為日本第一家被外國公司收購之大型電子製造商，在日本及海外均引起極大關注。	陳玲玉 康文彥 任芳儀等 BM 東京所
	2016 年，本所代理該公司於收購微軟公司 Nokia 功能機業務案中，勞工相關權利義務整合案、並統籌全球近四十個國家之法律協商。	馬靜如 許修豪等
68	全球著名基礎建設基金委託案 -2022 年度 Asia Legal Award 融資專案獎 - CIP： 2017 年起，本所開始為丹麥哥本哈根基礎建設基金 Copenhagen Infrastructure Partners（CIP）就投資台灣離岸風電提供諮詢，2018 年取得開發彰芳暨西島離岸風場 600MW 容量、2020 年完成美金 30 億元（相當於新台幣 900 餘億元）之專案融資到位，是台灣融資最高、本土銀行參貸比最高、本土保險業者參與比例最高之風場案。 2018~2024 年，CIP 與中國鋼鐵公司合資成立中能離岸風電公司，開發容量 298MW 的中能離岸風電場。本所提供合資與風場開發之相關公司融資及開發之法律意見，贏得 2022 年度 Asia Legal Award 融資專案獎（Finance Deal of the Year）。	黃台芬 林行天 （Murray-Bowler） 陳素芬 王菀慕等

國際通商法律事務所「百大經典」

		主辦
69	台灣首屆運動彩券經營公司股東爭議仲裁案 - 香港非營利運彩事業： 2017~2019 年，台灣政府發行第一屆運動彩券，受委託經營機構為運彩科技公司，為一家台灣企業、香港非營利運彩事業及美國 IT 公司之合資公司。因該合資公司之股東契約發生重大爭議而進行仲裁，爭議金額新台幣 29 億元。本所代表香港非營利運彩事業，保護該公司分毫未損。	黃瑞明 黃麗蓉 謝易哲等
70	台北 101 首位外資股東案 - 伊藤忠投資公司： 2018 年，本所代表日商伊藤忠投資受讓取得台北金融大樓股份有限公司（台北 101 大樓）約 37.1742% 股權，協助伊藤忠成為台北 101 第二大股東，也是台北 101 首位外資股東。	汪士邁 谷湘玲 蔡維恬等
71	國際收購台灣生技業溢價最大案（反三角合併收購暨終止上櫃）-JSR 公司： 2018 年，本所代表日商 JSR Corporation 以每股 75 元、溢價高達 104.6%，透過反三角合併收購上櫃公司中美冠科生物技術有限公司 100% 股權，創下國際間收購台灣生技公司溢價之最大幅度。併購完成後，中美冠科成為 JSR 百分之百持有之子公司，並終止上櫃及停止公開發行。	谷湘玲 任芳儀等
72	全球高科技領導業者台灣房地產專案： 2018 年起，全球高科技領導業者陸續來台設立研發基地，本所受數家客戶委任，提供法律諮詢服務，包括協助擬定及商議相關合約、及與主管機關之協談等。	黃台芬 湯詠瑜 陳宜君 何信毅等
73	全球最強奢侈品牌 LV 智財維權案： 2018 年起，本所代表法商 LVM 公司台灣智慧財產權維權案件，包括民刑事訴訟及海關程序，並持續倡議政府與執法機關對於品牌之保護。 2020 年，本所代表該公司對抄襲其知名商標之翻玩公司等廠商提出民刑事告訴，不但透過搜索及查扣侵權產品，更成功取得定暫時狀態處分，禁止其銷售產品及移除網路侵權圖片等，及時防止侵害擴大，並取得勝訴判決。此案建立我國商標法對於合理使用之原則與界限。	邵瓊慧 趙國璇 歐陽漢菁等
74	全球領先之豪華行李箱品牌終止專賣店合約糾紛案： 2018 年起，本所代理客戶對違約營運專賣店之廠商終止合約。嗣後該廠商對本所之客戶數度提出定暫時狀態處分之干擾，本所均成功防禦訴訟，使該等案件最終均遭駁回；該廠商所提民事訴訟請求鉅額賠償，亦遭高院駁回。	邵瓊慧 盧柏岑 歐陽漢菁等
75	國際 AI 軟體領導公司全球勞資顧問案： 2018 年起，本所擔任多家國際 AI 軟體公司（包括前十名）之全球勞資顧問，協助該等公司之全球勞工合約整合更新、勞資爭議解決、個資保護、性騷擾及霸凌防範規章。	馬靜如 許修豪等
76	台灣前首富王氏家族之信託繼承訴訟案 - 王氏家族： 2019 年起，本所代理王氏家族信託繼承案，該案涉及之信託財產金額為台灣委託人中最高，也是百慕達和英國最大的信託訴訟。本所領導英國及百慕達團隊，於 2022 年在英國最高法院樞密院贏得其中一件約美金 5 億 7,000 萬元信託訴訟之關鍵勝利。	黃麗蓉 賴建宏 李彥群等

國際通商法律事務所「百大經典」

		主辦
77	全球頂級精品業者與前高階主管之勞資訴訟案： 2019~2024 年，本案雇主公司解僱前高階主管，委任本所評估風險及代理訴訟。本案不僅為勞資糾紛，尚涵蓋稅務合規、公司治理、商業道德等多個層面，並發生勞工依據勞動事件法申請暫時恢復雇用之假處分狀況。本所歷經兩審而逆轉勝，並在高院勝訴後促成和解。	馬靜如 蔡維恬 劉孟茹等
78	全球最大水上型太陽能電廠購併案 - 丸紅商社： 2020 年起，本所代理日本丸紅商社（Marubeni Corporation）併購美國基礎建設投資基金公司 I Squared Capital 在台投資之辰亞能源公司 100% 股權，及旗下 270MW 太陽能電廠全數股份，取得資產包括全球最大水上型太陽能電廠。 本所亦協助該商社在台投資之天然氣民營發電廠，包括長生 960MW、新桃 600MW 燃氣複循環機組、彰濱工業區浮式太陽能電廠、高雄阿公店水庫之水上太陽能電廠。	黃台芬 谷湘玲 陳素芬 陳宜君 王苑慕等
79	台灣第一家上市公司出售 SSD 案 - 2020 年度最具代表性併購案 - 光寶科技： 2020 年，本所代理台灣第一家上市的電子公司光寶科技公司（光寶集團之母公司）出售 SSD 固態儲存事業予東芝記憶體，獲得台灣併購與私募股權協會頒發 2020 年度「台灣併購金鑫獎」之「最具代表性併購獎」。	王悅賢 徐頌雅 蕭宇傑 金益先等
80	商標侵權反向假處分之特殊案例： 2020~2023 年，本所代理台灣知名電腦廠商之能量飲料商標全球註冊及侵權爭議，在台灣首先向智慧財產法院成功取得反向假處分，禁止美國飲料業者透過商標侵權手段妨礙我國廠商之產品上市，並獲得第一審勝訴判決，憑以支持外國商標侵權訴訟之答辯。最終在不影響產品行銷之情況下，達成全球協議。	邵瓊慧 趙國璇 歐陽漢菁等
81	台灣首件勞動事件中成功駁回受解僱勞工要求回復雇用之假處分案： 2020~2023 年，本所代理全球知名半導體設備供應商，成功駁回勞工要求回復雇用之假處分聲請。勞動事件實務上，法院大多核准勞工此種聲請，本所成功獲得法院駁回，亦牽涉後續之「確認僱傭關係存在」及聲請人繼續受領薪資等訴訟之成敗。	馬靜如 蔡維恬 杜伯賢等
82	全球最高市占率螺絲廠之家族傳承案 - 路竹新益公司： 2020~2021 年間，本所協助路竹新益公司（全球最高市占率螺絲廠）規劃及完成家族傳承，也因應稅務合規、反洗錢等法律潮流，提供營運架構之重組建議。數年來，本所已協助富比士所公佈之台灣 50 大富豪中逾 1/5 家族，進行傳承案件。	汪士邁 邱佩冠 江珊如 周修平等
83	台灣金額最高之太陽能電廠專案融資 - Vena Energy： 2021 年，本所代理亞太地區領先之綠色解決方案提供業者 Vena Energy（葦能能源，迄今已在台灣開發、建置、營運七座太陽能電廠），完成容量 272MW 之雲林 E2 太陽能發電廠融資案。 此一國際專案融資項目之金額高達新台幣 77 億元（約美金 2.8 億元），是台灣金額最高的太陽能電廠專案融資。	林行天 （Murray-Bowler） 陳素芬 王苑慕等

國際通商法律事務所「百大經典」

		主辦
84	金可國際收購案 - 2022 年度最具代表性併購案 - Glamor Vision： 2022 年，本所協助 Glamor Vision 處理本件交易案，創下三項新記錄：（1）史上規模最大的台灣消費性產業上市／櫃公司的私有化交易；（2）2019-2021 年三年間規模最大的私募基金（PE）參與台灣上市／櫃公司私有化交易；（3）收購溢價 38.6％，此案是自 2016 至 2021 年期間，台灣上市／櫃公司私有化案例中最高之溢價比例。	胡浩叡 任芳儀等
85	台灣金融史上金額最高之聯合授信案 - 臺灣銀行： 2022 年，本所擔任臺灣銀行之法律顧問，協助其籌辦新台幣 4,119 億元之聯合授信案，提供融資予國家住宅及都市更新中心作為興辦社會住宅所需資金。本案是台灣金融史上金額最高之聯合授信案。	楊文淵
86	花旗銀行出售消金部門及工會抗爭案 - 星展銀行： 2022 年，花旗銀行宣佈將出售消金部門，後由星展銀行得標。本所代理星展銀行進行併購，嗣因花旗銀行之勞工成立工會，並顯示抗爭態度，本所代表勞工之未來雇主星展銀行，協助透過勞動部與花旗銀行工會協商，最終達成協議，使併購順利完成。	胡浩叡 許修豪 謝易哲 邱佩冠等
87	全球被動元件領導廠商收購案 - 國巨公司： 2022 年，本所代理國巨公司以新台幣 214 億元現金收購法商施耐德電機（Schneider）高階工業感測器事業部。	康文彥 謝易哲等
88	德商 Leoni AG 競標購併案 - 2022 年度台灣併購金鑫獎三大獎 - 貿聯公司： 2022 年，本所代表貿聯控股，競標購買德商 Leoni AG 在歐洲、北美及亞洲共 15 地分割出售之工業應用事業群。此案榮獲台灣併購與私募股權協會 2022 年度台灣併購金鑫獎「年度最具代表性併購獎」、「最佳影響力併購獎」及「最佳跨國併購獎」三大獎。	谷湘玲 陳宜君 任芳儀等
89	本所結合上市及家族傳承規劃成功案例 - 玩美移動公司： 2022 年，玩美移動公司之美國上市案委由本所出具台灣法律意見書，而其創辦人 Alice Chang 就公司所需之法律諮詢、及家族個人稅務規劃，多委由本所處理。雙方合作期間可回溯到其先前擔任趨勢科技 CFO 至創辦訊連科技（由吳國樞會計師為其提供稅務諮詢）、及後來創辦玩美移動。	汪士邁 胡浩叡 邱佩冠等
90	台灣首件「被遺忘權」案： 2022 年起，本所協助多家跨國及台灣企業撰擬顧客、供應商及員工之隱私保護政策、隱私衝擊評估、個人資料檔案安全維護計畫，並進行個資保護合規稽核、處理個資洩漏事件之調查及通知通報、集團內部及企業併購下個資移轉，並代表知名美國網路公司處理台灣首件「被遺忘權」案件。	邵瓊慧 徐頌雅 余若凡 施汝憬等
91	台灣首件長效戒毒癮藥物產品授權合約案 - 昱展新藥生技： 2022~2023 年，本所代理昱展新藥生技股份有限公司與國際藥廠 Indivior 就長效戒毒癮藥物 ALA-1000 三項產品完成簽署授權合約，其總合約的授權金額達數億美元，並另含三項產品的銷售分潤。	江弘志 邱子綾 周彥廷等

附錄：百大經典

	國際通商法律事務所「百大經典」	主辦
92	AI ASIC 晶片設計龍頭受 Amazon 首度認購台灣上市公司案 - 世芯電子： 2022 及 2024 年，本所代理世芯電子股份有限公司（Alchip Technologies, Limited，為 AI 晶片設計服務提供者）在國際資本市場發行海外存託憑證，並於 2024 年代理該公司辦理私募普通股引入 Amazon.com, Inc. 的資金，開啟 Amazon 首度認購台灣上市公司股權的先例。	江弘志 杜偉成等
93	全球前三大雲端業者之一的雲端政策討論白皮書： 2022 年，本所協助全球前三大雲端業者之一，就台美關係深化之相關各項法律進行研究，包括雲端、ESG 等法規，並與主管機關討論而完成白皮書。本所嗣後受託進行 ESG 與金融授信業者之專案，就相關法規之優、缺點及前瞻性立法藍圖進行研究。	馬靜如 胡浩叡 王菀慕 江珊如 邱佩冠
94	以 ESG 為主軸收購柬埔寨金融機構及台灣「金銀併」金額最高案 - 永豐集團： 2022 年起，本所代表永豐商銀分階段收購柬埔寨微型金融機構 Amret Plc 的 100% 股權。本案是國內金融機構首次以 ESG 為主軸，對 IMF 旗下 IFC 所投資的普惠金融機構進行併購，金額高達美金 4 億 3,500 萬元。 2023 年起，本所代表永豐金控，以股份轉換方式收購京城商業銀行 100% 股權，2024 年底宣佈「聯姻」，總交易金額達新台幣 599 億元。併購後分行數躍居民營銀行第一、全體國銀前三名。本案是自 2014 年凱基金控前身開發金控合併萬泰銀後，睽違十年再現的「金銀併」。	王悅賢 劉裕寶 任芳儀 張碧娟等 王悅賢 杜偉成 金益先等
95	台灣本地最大藥廠代理商之一的家族傳承案 - 禾利行： 2023 年起，本所代理禾利行（台灣本地最大的藥廠代理商之一），同時考量台灣、中國、香港、新加坡及美國之法律及稅務規劃因素，為該公司和創始家族重組營運公司（在台灣、香港、中國大陸），以簡化所有權和營運，實現家族和公司的傳承。	汪士邁 邱佩冠 周修平等
96	亞太地區 AI 相關法規及產業指引盤查案： 2023 年，本所協助台灣雲端 AI 服務供應商撰擬 AI 服務使用條款、協助數家美國網路及遊戲公司處理 AI 模型訓練資料之著作權及個資保護合規、及 AI 模型輸出資料之內容審核，並與 Baker McKenzie 各地事務所合作，以進行亞太地區 AI 相關法規及產業指引盤查、協助 AI 系統或服務供應商及使用者建立 AI 治理架構。	邵瓊慧 施汝憬 謝易哲等
97	台灣首家政府籌組之生醫公司策略結盟協議案 -TBMC： 2023~2024 年，本所代理「臺灣生物醫藥製造公司 Taiwan Bio-Manufacturing Corporation（TBMC）」，與美國國家勃力公司（National Resilience）簽署技術移轉與投資的策略結盟協議，未來將聚焦生物製劑、疫苗、mRNA 核酸藥物、細胞治療與基因療法等 5 大領域。	邱子綾 謝易哲 周彥廷等
98	台灣近 10 年金額最高之資本市場募資案 - 環球晶圓： 2024 年，本所代理環球晶圓發行 6.89 億美元海外存託憑證（GDR），是台灣近 10 年來金額最高之資本市場募資案。	江弘志 杜偉成等

	國際通商法律事務所「百大經典」	主辦
99	全球美妝領導品牌網域維權案： 2024年，本所長期客戶——全球知名美妝集團（本所為該集團辦理台灣之商標註冊與相關智財權保護）委由本所代理向域名爭議機構提出網域名稱申訴，取回被搶註之網域名稱，並成功移除所有相關仿冒網站，得以有效維護客戶權益及我國消費環境。	邵瓊慧 趙國璇等
100	率先就境外信託申報提出合規解決方案： 2024年7月，因財政部要求境外信託業者向我國政府申報客戶信託明細，影響規模達數千億以上之信託資產。本所率先為客戶規劃合規解決方案，協助解決其內部歧見，制定風險管理策略，並協助與客戶之信託客戶溝通，以進行合規申報。溝通過程中更解除了潛在之家族爭訟危機。	汪士邁 邱佩冠 周修平等

感謝

國際通商法律事務所的所有同仁們
持續付出、努力不懈

方　訢、王心如、王秀續、王悅賢、王菀慕、王碩勛、王縈縈、古蘭花、任芳儀
江弘志、江珊如、江嘉惠、何季玲、何信毅、何冠儀、何美蘭、何懿珊、吳佳倩
吳念真、吳柏垚、吳重玖、吳家豪、吳國安、吳晶晶、吳詠詩、吳慧珍、吳靜芳
李宛諭、李　芯、李姿樺、李彥群、李珮玲、李培君、李維芯、李慧真、李　懿
杜偉成、汪士邁、谷湘玲、卓佩儀、卓玲華、周玉騏、周如芸、周　妮、周彥廷
周修平、林行天、林沐萱、林尚毅、林盈君、林剛德、林渝婷、林暉恩、邱于倫
邱子綾、邱佩冠、邱郁庭、邱薏儀、邵嬿如、邵瓊慧、金恂如、金益先、施汝憬
洪育琪、洪　碁、洪慧恆、胡浩叡、范縝齡、徐聖評、徐頌雅、殷巍之、馬靜如
高　穦、康文彥、康書懷、張育寧、張金枝、張家輝、張桂峰、張茹雁、張景儒
張皓瑋、張微麗、張聖東、張碧娟、張瀚書、曹如瑋、曹廷豪、曹瑜玲、梁　志
梁雪莉、許立揚、許芳慈、許修豪、許雅琳、許麗馨、連雅玲、郭文芳、郭淑君
陳以晨、陳宜君、陳姿彣、陳玲玉、陳盈慈、陳真儒、陳純毓、陳素芬、陳逸雯
彭汶青、湯東穎、童玉欣、華士卿、馮達發、黃台芬、黃星源、黃柏諺、黃郁芯
黃珮玲、黃琪禎、黃靖宜、黃慧軒、黃麗蓉、楊文淵、楊永輝、楊金美、楊楚慈
葉秀鴛、葉家宜、葉淑瑛、廖瑛玉、趙國璇、劉雨潔、劉冠廷、劉裕實、歐陽漢菁
蔡心雅、蔡美慧、蔡胥捷、蔡維恬、蔡曉佩、鄭湘玲、盧柏岑、蕭民憲、蕭芳芸
賴建宏、賴玲娜、賴諄典、賴麗蕙、閻皖琳、薛向晴、謝易哲、鍾季芬、鍾薰嫺

在地深耕 全球佈局 FOCUS ON THE FUTURE：
國際通商法律事務所 50 週年

作　　者	李俊明
主　　編	文仲瑄
執　　編	楊雅筑
審　　校	陳玲玉、馬靜如、邵瓊慧
設　　計	劉丁菱
攝　　影	李明宜、林衍億、許宏偉、汪忠信
出版單位	天立股份有限公司
執行單位	天下雜誌股份有限公司（天下實驗室）
地　　址	台北市中山區南京東路二段 139 號 11 樓
總 經 銷	大和書報圖書股份有限公司
電　　話	02-8990-2588
出版日期	2025 年 2 月 初版
定　　價	420 元
I S B N	978-986-87937-9-8　（平裝）

國家圖書館出版品預行編目(CIP)資料

在地深耕 全球佈局Focus on the future：國際通商法律事務所50週年 / 李俊明作. -- 第一版. -- 臺北市：天立股份有限公司, 2025.02
280面；17×23公分
ISBN 978-986-87937-9-8(平裝)
1.CST: 國際通商法律事務所

580.6　　　　　　　　　　114001176